会展品牌策划与管理

李　明◎编著

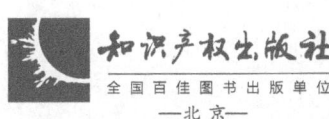

知识产权出版社
全国百佳图书出版单位
—北京—

图书在版编目（CIP）数据

会展品牌策划与管理/李明编著. —北京：知识产权出版社，2020.10
ISBN 978-7-5130-7244-1

Ⅰ.①会… Ⅱ.①李… Ⅲ.①展览会—策划②展览会—管理 Ⅳ.①G245

中国版本图书馆 CIP 数据核字（2020）第 199322 号

策划编辑：蔡　虹　　　　　　　　　责任校对：谷　洋
责任编辑：高志方　　　　　　　　　责任印制：孙婷婷
封面设计：回归线（北京）文化传媒有限公司

会展品牌策划与管理

李　明　编著

出版发行：知识产权出版社有限责任公司	网　　址：http://www.ipph.cn
社　　址：北京市海淀区气象路 50 号院	邮　　编：100081
责编电话：010-82000860 转 8512	责编邮箱：15803837@qq.com
发行电话：010-82000860 转 8101/8102	发行传真：010-82000893/82005070/82000270
印　　刷：北京建宏印刷有限公司	经　　销：各大网上书店、新华书店及相关专业书店
开　　本：787mm×1092mm　1/16	印　　张：14
版　　次：2020 年 10 月第 1 版	印　　次：2020 年 10 月第 1 次印刷
字　　数：228 千字	定　　价：59.00 元
ISBN 978-7-5130-7244-1	

出版权专有　侵权必究

如有印装质量问题，本社负责调换。

CONTENTS 目 录

第一章 会展品牌概论 …………………………………… (1)
  第一节 品牌的内涵 …………………………………… (1)
    一、什么是品牌 …………………………………… (1)
    二、品牌的类别 …………………………………… (4)
    三、品牌的作用 …………………………………… (5)
  第二节 会展与会展品牌 …………………………………… (6)
    一、什么是会展 …………………………………… (6)
    二、会展品牌的内涵及特征 …………………………………… (8)
    三、品牌展会的评价标准 …………………………………… (9)
  第三节 中国会展品牌的发展现状 …………………………………… (11)

第二章 会展城市品牌 …………………………………… (20)
  第一节 会展对城市的作用 …………………………………… (20)
    一、会展提高城市的竞争力 …………………………………… (20)
    二、会展提高城市的知名度 …………………………………… (21)
    三、会展增加城市就业 …………………………………… (21)
    四、会展推动城市的基础设施建设 …………………………………… (22)
    五、会展推动城市招商引资 …………………………………… (22)
    六、会展推动城市文明水平的提升 …………………………………… (22)
  第二节 城市会展品牌的特点 …………………………………… (23)
    一、城市会展品牌的特点 …………………………………… (23)
    二、城市会展品牌的成功要素 …………………………………… (25)
  第三节 中国著名城市的会展品牌 …………………………………… (26)

一、北京会展品牌···(27)
　　二、广州会展品牌···(30)
　　三、上海会展品牌···(34)
　　四、大连会展品牌···(38)
　第四节　城市会展品牌的构建·····································(41)
　　一、城市会展品牌构建的发展方向·····························(42)
　　二、城市会展品牌的培育需科学运作·························(43)

第三章　会展国家品牌··(46)
　第一节　会展国家品牌的概念·······································(47)
　　一、什么是国家品牌···(47)
　　二、什么是会展国家品牌···(48)
　第二节　会展国家品牌的作用·······································(54)
　第三节　世界著名会展国家品牌····································(59)
　　一、德国：世界会展王国···(60)
　　二、意大利：欧洲会展业第二大国······························(65)
　　三、法国：近代会展业的先驱国家······························(68)
　　四、日本：亚洲会展强国···(72)
　　五、美国：现代会展强国···(77)
　第四节　中国的会展国家品牌·······································(81)
　　一、我国会展国家品牌发展过程中存在的问题··············(82)
　　二、会展国家品牌对于中国会展业的意义·····················(84)
　　三、我国会展国家品牌的发展策略······························(85)

第四章　会展品牌战略规划··(91)
　第一节　会展品牌战略概述···(91)
　　一、会展品牌战略特征··(91)
　　二、会展品牌战略的内容···(92)
　第二节　会展品牌战略的作用·······································(95)
　　一、会展差异化竞争的主要手段·································(95)
　　二、稳定顾客的主要工具···(95)

三、提升会展品牌的整体经营水平 ………………………… (96)
　第三节　会展品牌战略规划环境分析 ……………………………… (96)
　　一、会展品牌宏观环境分析 ………………………………… (97)
　　二、会展品牌微观环境分析 ………………………………… (102)

第五章　会展品牌定位 ……………………………………………… (105)
　第一节　品牌定位 ……………………………………………… (105)
　　一、品牌定位的演进 ………………………………………… (106)
　　二、品牌定位的原则 ………………………………………… (109)
　　三、品牌定位的策略 ………………………………………… (111)
　　四、品牌定位的工具 ………………………………………… (114)
　第二节　会展品牌定位 ………………………………………… (120)
　　一、会展市场定位 …………………………………………… (121)
　　二、会展产品定位 …………………………………………… (122)
　　三、会展顾客定位 …………………………………………… (123)
　　四、会展品牌形象定位 ……………………………………… (124)
　第三节　会展品牌定位意义与问题 …………………………… (126)
　　一、会展品牌定位的意义 …………………………………… (126)
　　二、会展品牌定位应注意的问题 …………………………… (129)

第六章　会展品牌形象设计 ……………………………………… (132)
　第一节　会展品牌形象概述 …………………………………… (132)
　　一、品牌形象的概念 ………………………………………… (133)
　　二、会展品牌形象的含义 …………………………………… (134)
　　三、塑造会展品牌形象的意义 ……………………………… (135)
　第二节　会展品牌形象定位 …………………………………… (136)
　　一、会展品牌形象定位的步骤 ……………………………… (137)
　　二、会展品牌形象定位的策略 ……………………………… (138)
　第三节　会展品牌形象创立 …………………………………… (140)
　　一、创立会展品牌形象的原理 ……………………………… (140)
　　二、会展品牌形象战略 ……………………………………… (141)

第四节　会展品牌识别 ··· (143)
　　一、会展品牌识别的来源 ······································ (144)
　　二、会展品牌识别系统 ·· (145)

第七章　会展品牌传播 ··· (150)
　第一节　会展品牌的广告传播 ····································· (150)
　　一、会展品牌广告传播的要素 ·································· (151)
　　二、会展品牌广告的表现形态 ·································· (152)
　　三、会展品牌广告传播的载体 ·································· (154)

　第二节　会展品牌的公关传播 ····································· (155)
　　一、公共关系功能在会展活动中的体现 ·························· (156)
　　二、媒体公关在会展传播活动中的重要意义 ······················ (157)
　　三、会展媒体公关策略的三大构成体系 ·························· (158)

　第三节　会展品牌的整合营销传播 ································· (162)
　　一、整合营销传播在会展品牌传播中的意义 ······················ (163)
　　二、整合营销传播在会展品牌传播中的运用 ······················ (164)
　　三、整合营销传播的媒介选择 ·································· (167)

第八章　会展品牌营销 ··· (170)
　第一节　会展营销中的现代营销手段 ······························· (170)
　　一、现代营销手段的内涵 ······································ (170)
　　二、将现代营销手段用于会展营销的意义 ························ (171)

　第二节　会展品牌体验营销 ······································· (172)
　　一、体验经济：会展品牌体验营销诞生的背景 ···················· (172)
　　二、会展品牌体验营销的概念及特点 ···························· (174)
　　三、会展品牌体验式营销策略 ·································· (175)

　第三节　会展品牌事件营销 ······································· (179)
　　一、事件营销的概念及特点 ···································· (180)
　　二、会展品牌事件营销策略 ···································· (181)

　第四节　会展品牌网络营销 ······································· (185)
　　一、网络营销概念及特点 ······································ (185)

二、会展品牌网络营销的实施流程 …………………………… (187)
　　三、会展品牌网络营销的策略 ……………………………… (189)

第九章　会展品牌之世界博览会 ………………………………… (194)
　第一节　传奇世博，文明盛会 ………………………………… (194)
　　一、国际博览会的历史背景 ………………………………… (194)
　　二、历届世博会的概况 ……………………………………… (196)
　第二节　世界博览会在中国（上海世博会）………………… (201)
　　一、上海世博会基本信息 …………………………………… (201)
　　二、园区规划 ………………………………………………… (203)
　　三、活动 ……………………………………………………… (205)
　　四、论坛 ……………………………………………………… (206)
　　五、意义 ……………………………………………………… (207)
　第三节　世界博览会效应 ……………………………………… (207)
　　一、对经济的推动作用 ……………………………………… (207)
　　二、科学技术的不断更新 …………………………………… (209)
　　三、艺术、社会变革、文明的发展（建筑、音乐、美术
　　　　全球性问题的探讨）…………………………………… (209)

参考文献 …………………………………………………………… (211)

第一章　会展品牌概论

第一节　品牌的内涵

品牌与我们的生活紧密相连，走在大街上，麦当劳的金色拱门随处可见；进入超市，映入眼帘的都是各大品牌如联合利华、宝洁、卡夫等旗下的产品；逛街购物时，品牌服饰已经成为我们的首选。品牌成为我们生活中的重要部分，也成为企业在激烈的市场竞争和同质化的产品中脱颖而出、占据竞争优势地位的法宝和战略性资源。美国营销专家拉里·莱特（Larry Light）就说过：未来的营销是品牌的战争——品牌互争长短的竞争。拥有市场比拥有工厂更重要，而拥有市场的唯一办法就是拥有占统治地位的品牌。[1] 那么，品牌到底是什么呢？本节就重点对品牌的概念、分类和功能等问题，进行初步的梳理。

一、什么是品牌

"品牌"的英文单词"brand"来源于古斯堪的纳维亚语"brander"，意思是"燃烧"，即当时西方游牧民族在马背上打上不同的烙印，以区分自己的财产，这是最原始的商品命名方式，也是现代品牌概念的来源。它非常形象地传达了品牌的含义。如今随着社会的发展，多个社会学科对品牌这一概念的渗透融入，使品牌的概念得到了极大的

---

[1] 李英超. 基于消费者决策的品牌价值影响因素研究 [D]. 昆明：昆明理工大学，2011.

丰富，但至今并没有一个权威统一的定义。

如 1960 年，美国市场营销协会（AMA）给出了品牌的较早定义：品牌是一种名称、术语、标记、符号和设计，或是它们的组合运用，其目的是借以辨认某个销售者或某销售者的产品或服务，并使之与竞争对手的产品和服务区分开来。这个观点在中国得到了很多学者的认可，是目前最有影响力的定义之一。❶

与其持相似观点的是美国著名的市场营销专家菲利普·科特勒，他认为，品牌是一种名称、术语、标记、符号或图案，或是它们的组合，用以识别企业提供给某个或某群消费者的产品或服务，并使之与竞争对手的产品或服务相区别。这两种定义都强调了品牌的存在是为了与竞争对手相区别。❷

美国广告界权威大卫·奥格威对品牌的定义则是，品牌是一种最错综复杂的象征，它是品牌属性、名称、包装、价格、历史声誉、广告方式的无形总和。品牌同时也因消费者对其使用的印象以及自身的经验而有所界定。❸ 从这一定义中可以看出，在奥格威看来，品牌的存在不再是简单为了区分，它是各种因素的总和，它也不再只掌握在企业主手中，消费者对其也会产生一定的影响力。这种定义强调了品牌与消费者之间存在的紧密关系。

与大卫·奥格威的看法相类似的是全球著名的奥美广告，其认为：品牌是一个商品透过消费者生活中的认知、体验、信任及感情，挣到一席之地后所建立的关系。❹ 没有与消费者产生任何关系的品牌是不存在的。上述两种定义都强调了品牌与消费者之间的关系。

1997 年，美国品牌专家斯科特·戴维森根据品牌的外在表现和内在的无形部分，提出了著名的"品牌冰山"理论，他认为：品牌就像大海中的一座冰山，消费者看到的只是浮在海面上的部分，这部分就

---

❶ 张羽. 迪士尼公司的品牌管理研究［D］. 哈尔滨：黑龙江大学，2015.
❷ 张柏平. 我国外向型中小企业国际品牌建设与创新研究［D］. 上海：上海大学，2009.
❸ 陈鼎藩. 基于价值的品牌关系研究［D］. 成都：西南石油学院，2004.
❹ 张羽. 迪士尼公司的品牌管理研究［D］. 哈尔滨：黑龙江大学，2015.

是品牌的显性部分，如名称、标识等，它所占的比重很小，大约只占品牌内涵的15%；海面下的部分是品牌的隐性部分，如品牌的文化、价值定位等，只能靠消费者自己去感受和体会，却在品牌中占有极大的比重，大约占品牌内涵的85%，且对消费者的影响非常大。这一理论对品牌的外在和内在进行了非常形象的介绍，也是目前流传甚广的一种定义。

国内对于品牌也没有统一的定义，东北大学的赵琛教授认为：品质×品味＝品牌，公式中的相乘是指"融合"。区别于物理变化的"相加"，"品质"与"品味"的融合才是品牌。❶ 品牌学奠基者年小山认为：所谓品牌，也就是产品的牌子，它是销售者给自己的产品规定的商业名称，通常由文字、标记、符号、图案和颜色等要素组成或是这些要素的组合构成，用作一个销售者或是销售者集团的标识，以便同竞争者的产品相区别。品牌是一个集合概念，包括名称、标志、商标，所有商标都是品牌或品牌的一部分。❷《品牌文化：中外品牌案例》的主编白光则认为："品牌"包含着两种含义，"品"即是物品，商品的等级、种类，当然也含有人的品格；"牌"则是企业单位为自己的产品或服务的专用名称，实际上是商标。把上述两层意思联系起来，"品牌"就是具有一定品味的牌子；体现在商品或服务上，应该是广大消费者认可的商品或服务的牌子。品牌没有一个确定的标准，企业广泛做了宣传，消费者使用，大众认可，便形成品牌。❸

综观以上这些定义，大多大同小异，其中比较有代表性的应该是中山大学卢泰宏的观点，他认为：品牌不仅仅是一个区分的名称，更是一个综合的象征；品牌不仅仅掌握在企业手中，更取决于消费者的认同和接受；品牌不仅仅是符号，更要赋予形象、个性和生命；品牌不仅仅是短期营销工具，更是长远的竞争优势和具有潜在价值的无形资产。❹ 他的观点可以看作对前面几种定义的总结和提炼，因此，本书

---

❶ 赵琛. 品牌学 [M]. 北京：高等教育出版社，2011.
❷ 张燕. 浙江省会展企业建设会展品牌的策略探索 [D]. 杭州：浙江工业大学，2009.
❸ 白光. 品牌文化：中外品牌案例 [M]. 北京：中国时代经济出版社，2002.
❹ 庞守林. 品牌管理 [M]. 北京：清华大学出版社，2011.

将在这个观点的指导下展开论述。

二、品牌的类别

随着经济全球化的迅速发展，品牌得到了极大的发展，这种发展不仅体现在数量上，还体现在品牌的类别上，品牌被细分，类别也变得越来越多。品牌的类别开始建立在消费者需求多样化的基础之上，也就是说，消费者需求的差异化以及个性化推动了品牌类别的变化和丰富发展。

品牌分类是品牌自身发展的必然性，从品牌的最基本的功能来看，分类本身也是识别的一种方式，尤其是随着品牌和产品发展的越来越复杂化和多样化，没有品牌分类会造成识别的混乱甚至错误。[1] 按照特定的标准对品牌进行分类可以强化品牌的标识作用，更好地让自己的产品在同类产品中脱颖而出；同时，通过品牌分类，可以确定品牌的定位，找到更适合自己的传播策略，从而开发与之对应的消费市场。

品牌发展至今天，有如下几种类型：

根据品牌所在的地区和辐射的区域，可以划分为地区品牌、国家品牌和国际品牌；

根据品牌面对的消费群体，可以划分为大众品牌、中档品牌和高档品牌；

根据品牌所有者，可以划分为制造商品牌、经营商品牌和服务商品牌；

根据品牌的来源，可以划分为自有品牌、外来品牌和嫁接品牌；

根据品牌的目标市场，可以划分为内销品牌和外销品牌；

根据品牌所属行业，可以划分为食品品牌、工业品牌、服务品牌和网络品牌；

根据品牌的知名度，可以划分为普通品牌和著名品牌；

根据品牌存在时间长短，可以划分为新兴品牌和老字号品牌；

根据品牌在市场上的地位，可以划分为强势品牌和弱势品牌；

---

[1] 刘强. 论品牌类型及其建构动因 [J]. 现代营销（学苑版），2010（12）：10-12.

根据品牌生态学的观点,可以划分为经济型品牌和生命型品牌。

三、品牌的作用

品牌意味着知名度和美誉度,是一种重要的无形资产。这种资产可以让品牌的所有者在激烈的市场竞争中占据优势,获得更多的经济效益。品牌的作用大致可以归纳为增值、降低成本、提高竞争优势以及区分识别等。

(一) 增值功能

在市场竞争日趋激烈的今天,谁是品牌的所有者,谁就真正拥有了财富。曾有一项调查显示[1]:在美国,领导品牌平均获益率是位居第二品牌的4倍;而在英国,这一比率更是高达6倍,而且,品牌产品的市场占有率通常更高。可见,在品牌产品与普通产品面前,消费者更倾向于选择价格更高的名牌产品。在消费者看来,品牌通常是质量优良的代名词,在消费者心中占有更高的地位。品牌产品所体现出来的质量足以让它有理由定出更高的价格,而消费者通过购买品牌产品也能获得一定的满足感和优越感,这种满足感和优越感让消费者不介意为此支付更多。而且,"当品牌发展到一定阶段后,它积累、聚合的各类经验和资源就会产生'裂变'反应,不断衍生出新的产品或服务"[2]。由于对原有品牌的信任,消费者大多会选择尝试新出的产品或服务,因此,品牌的所有者能够获取更多的经济效益。

(二) 降低成本功能

品牌有利于提高顾客对于产品的忠诚度。调查显示,赢得一个新客户所花的成本是保持一个既有客户成本的6倍,而品牌则可以通过与顾客建立品牌偏好,有效降低宣传和新产品开发的成本。

(三) 提高产品的竞争优势功能

这里的竞争优势主要体现在"竞争壁垒"[3]上,强势的品牌能够

---

[1] 庞守林. 品牌管理 [M]. 北京:清华大学出版社,2011.
[2] 刘丽君. 中国会展品牌战略研究 [J]. 经济研究导刊,2012 (34):203-209.
[3] 李明合,等. 品牌传播创新与经典案例评析 [M]. 北京:北京大学出版社,2011.

使企业在市场竞争中保持优势地位，这种优势地位所带来的市场压力、品牌声望以及消费者对其的忠诚度会使竞争对手产生很大的压力，望而却步，从而放弃进入市场进行竞争的想法。

（四）区分识别功能

1960年美国市场营销协会对品牌的定义就突出了品牌的区分识别功能，其认为：品牌是一个名称、术语、标记、符号或设计，或是它们的组合，其目的是识别某个销售者或某群销售者的产品或服务，并使之与竞争对手的产品和服务区别开来。[1] 区分识别功能是品牌的基本功能，从它英文单词的来源中就可以看出这一点。使用品牌不仅能够方便消费者识别产品的产地或内在品质，还能使自己的产品在众多同类产品中脱颖而出，吸引消费者的注意，从而使其进行重复性消费、指认性消费。

第二节 会展与会展品牌

随着经济社会的迅速发展，会展已经发展成一个庞大的产业，会展活动也成为推动经济发展的重要力量。如今，产业的竞争已变成品牌的竞争，创造自己的会展品牌迫在眉睫。那么，会展与会展品牌究竟是什么呢？本节就重点对会展与会展品牌的内涵、特征及评价标准等问题，进行初步的梳理。

一、什么是会展

要对会展进行研究，首先就必须明确会展的定义。目前，国内外对于会展的定义，因为采取的研究视角不同而有所区别。比较有代表性的当属以下三种观点：

第一种观点认为，会展就是会议（Convention and Conference）和展览（Exhibition）的总称，会展业也就是会议和展览业，这是早期欧洲对于会展的主流定义。在欧洲，会展通常被称为 C&E（Convention

---

[1] 陈鼎藩. 基于价值的品牌关系研究［D］. 成都：西南石油学院，2004.

and Exposition）或者 M&E（Meeting and Exposition）。这种界定将会议和展览活动进行了一定程度的区分，便于进行学术研究，"可以纯化研究对象，避免概念的泛化，有利于进行纯粹的会展理论研究，寻找出共性的规律"❶。但是这种认识比较狭隘，使人们对于会展的理解片面化。

第二种观点认为，会展就是一种商业行为，会议和展览是出于经济目的。人们通过会展展示自己的产品和技术，进而推销出自己的产品，获取更高的经济效益。这种观点也是对会展比较狭隘的认识，只强调了会展的经济性，忽视了目前世界上还存在很多非经济性的会展。

随着社会的迅速发展，各个学科也在相互交叉渗透，会展业也不例外。在大量吸收旅游、集会等方面专业知识的基础上，会展的定义得到了丰富和发展，第三种观点应运而生。国际社会开始将会展通称为 MICE［Meetings, Incentives, Conventions, Exhibitions，即会议、奖励旅游、节事活动和展览，并包括节日庆典和体育赛事为主题的节事（Events）］。这种定义几乎涵盖了当今会展活动的所有范围，是目前对于会展的一种比较广义、全面的定义。

综合以上几种定义，可以对会展做出如下定义：会展是在一定的时空范围内，由多人围绕着特定的主题，定期或不定期地进行各种交流活动，其形式主要包括会议、奖励旅游、节事活动和展览，其目的在于通过交流，实现参与者的互惠互利。这个定义主要包含以下几个方面的内容：一定的时空范围内是指会展必须在一个特定的场馆中举办，且举办的时间一般都有限制，即通常说的展期；多人是指参加会展的人数众多，影响巨大，具有相当大的规模效应；特定的主题是指会展必须围绕一个特定的主题来展开互动交流活动，如 2010 年上海世博会的主题为"城市，让生活更美好"；交流是指会展的最终目的在于进行交流，这种交流不仅包括物质交流，还包括精神交流，最终实现参与者的互惠互利。

---

❶ 俞华，朱立文. 会展学原理［M］. 北京：机械工业出版社，2005.

二、会展品牌的内涵及特征

随着会展经济的迅速发展，会展行业的竞争越来越激烈。"会展行业的竞争已经由价格质量层次和规模层次的竞争发展到品牌层次的竞争。"❶ 会展行业开始走向品牌化的发展道路。德国慕尼黑展览公司副总裁认为：很多展览中心，展览项目会走品牌化之路，而没有品牌的将逐渐被市场淘汰，市场最终决定一切，品牌和观众是关键。❷ 由此可见品牌对于会展的重要程度。品牌成为会展业发展的核心和灵魂，在激烈的行业竞争中，谁拥有品牌，谁就能够获得竞争优势，拥有市场。

结合品牌的内涵以及功能，可以认为，会展品牌就是已经形成一定规模的具有较高知名度和美誉度的会展，其知名度能使其与其他会展相区别，它能代表和反映整个行业的发展动态和发展趋势，并对该行业有较强的影响力和指导意义，是企业的规模、信誉和形象的集中体现。从目前国际和国内会展行业的发展趋势来看，品牌化已是会展业发展的必经之路。

与一般会展相比较而言，会展品牌有如下六种特征：

1. 具有较高的知名度

与一般会展相比，品牌会展具有较高的影响力和知名度。如欧洲的汉诺威展览、法兰克福展览和科隆展览，不仅在欧洲具有相当大的知名度，还在世界范围内享有较高的声誉，这些品牌会展不仅能够吸引欧洲本地的参展商，还能吸引更大范围内的客户慕名前来参展。

2. 具有较好的规模效应

会展品牌具有明显的规模性。虽然会展的展览期限很短，但是它能吸引很多参展商和专业观众参与，形成良好的互动，获得更大的规模效益。如2005年举办的第97届广交会，共有来自210个国家和地区的195464位采购商参会，世界零售商250强中就有71家公司参加了本届广交会，其中排名前50强的零售商中有25家到会采购❸，形成了较

---

❶ 刘丽君. 中国会展品牌战略研究 [J]. 经济研究导刊, 2012 (34): 203-209.
❷ 郭晓熹. 品牌塑造会展行业 [J]. 中国科技财富, 2005 (09): 68-72.
❸ 郭晓熹. 品牌塑造会展行业 [J]. 中国科技财富, 2005 (09): 68-72.

好的规模效应,从而奠定了广州作为重要会展城市的地位。

3. 具有前瞻性和预见性

会展品牌展出的通常是行业内最前沿的事物,能够代表和反映整个行业的发展动态和发展趋势,具有较强的前瞻性和预见性。且提供的信息全面,几乎各个方面的内容都可以涵盖,能够代表整个行业的发展趋势,并指导和影响该行业的进一步发展。

4. 具有较强的权威性

会展品牌能够指导和影响该行业的发展方向,具有较高的声誉,且它一般都得到了业内权威的肯定以及国家政府的支持,可信度高。几乎所有的发达国家都设有国家级的展览管理机构,如新加坡就是由新加坡贸易发展局来扶持新加坡会展的发展,具有较强的权威性。

5. 具有一定的可扩展性

会展品牌的可扩展性集中表现在时间、空间和价值三个方面。在时间方面,会展品牌的影响力不会因为会展的结束而消失,而是会不断地发散和扩张,影响不同地域各个时代的人。在空间方面,会展品牌并不拘泥于本国本土所在地,它可以在地域上进行扩张,如来自德国的会展巨头汉诺威,于2006年成功入驻"成都国际汽车展览会",迈出了进入中国中型会展城市的第一步,按照其发展规模,它还将进入至少7个中型会展城市,在中国市场上进行迅速扩张。在价值方面,品牌作为会展公司一项重要的无形资产,具有极大的增值功能。

6. 具有较强的辐射性

品牌会展必然会具有较高的知名度和美誉度,这就使得它具有较强的辐射能力,能够让新产品、新发明通过参加品牌会展,广为人知。如贝尔发明的磁石电话机,于1878年在巴黎世博会上展出后,迅速走红。

三、品牌展会的评价标准

在市场经济的推动下,中国的会展业得到了蓬勃发展,可以举办展会的公司越来越多,会展市场上办展水平参差不齐的问题也随之而来。不是所有的展会都能成为品牌展会,要想成为品牌展会,必须通过一系列评价标准的鉴别。目前在国际会展界，UFI（Union of International Fairs，即国际博览会联盟）的资格认证是能否成为品牌展会的重要标准，也是目前国际上通用的品牌展会的评价标准。

通过 UFI 认证的条件主要包括以下几个方面[1]：

（1）必须获得展览会所在国家有关部门的认可，认可其为国际展会；

（2）直接的或间接的外国展出者数量不少于展出者总数的 20%；

（3）直接的或间接的外国展览者的展出净面积不少于展览会净展出面积总数的 20%；

（4）外国参观者人数不少于参观者总人数的 4%；

（5）展览会能够使用适当的永久性设施，并向用户提供所需的一切服务，尤其是向展出者和外国参观者提供接待、协助和信息服务；申请表、广告材料、博览会目录不仅用本国文字，还使用其他外国文字（法文、英文或德文）编印；

（6）在展览会举行地点或在展览会期间不能进行任何非商业性活动；不过在展览会期间举办的与展览会内容一致的科学、技术和教育大会和会议，不受本条款制约；

（7）展览会应定期举办，展期不超过两个星期；

（8）作为国际性的展览会定期举办过至少三次；

（9）展览会只允许生产者、独家代理、批发商参展，不允许任何其他商人或代理商人参展；

（10）原则上禁止现金交易，即展出者在展台上直接出售商品。

其中第 2、3、4 项条件须经专业审计机构或联盟批准的检查员核实。到目前为止，全球已有 900 个展览会获得了 UFI 的资格认证，成为品牌展会。

---

[1] 选取自《国际博览会联盟章程》。

第三节 中国会展品牌的发展现状

在改革开放和社会主义市场经济浪潮的推动下,中国的会展业得到了蓬勃发展,会展已经成为一个新兴的产业,并在中国的经济发展中起着重要作用。我国会展业虽然起步很晚,但是发展速度很快,年均增长率为20%以上,已远远超过欧洲2%~3%的增长速度,且已经形成了以环渤海会展经济带、长三角会展经济带、珠三角会展经济带、东北会展经济带以及中西部会展经济带为主的五个会展经济带❶,成为经济发展中的一个亮点。会展的类型也与日俱增,不仅有专业性展览,还有各种综合性展览;不仅有国外会展公司承办的展览,还有本土举办的展览,各种类型的展览百花齐放。会展的质量和规模也得到了极大的提高,截至2017年,我国已有109个展会取得了UFI认证,成为蜚声国际的品牌会展,各项服务质量和水平已不亚于国际水准,展览场馆的规模也在全世界居于前列,仅次于美国和英国。

然而,与我国会展行业发展的良好态势相比,我国的品牌展会发展滞后,尤其是与国际上老牌的会展国家相比,品牌展会数量偏少仍然是一个不容忽视的问题,会展的品牌化程度低,形成一定规模、档次比较高的会展品牌仍然比较少。与国外的品牌会展相比,在影响力方面仍然存在较大的差距,品牌影响力薄弱。目前,我国会展品牌发展中存在着如下几点问题。

1. 品牌展会数量较少,难以形成规模效应

我国目前虽然已有许多展会取得了UFI认证,成为品牌会展,但与英国、德国、美国等国家相比,仍然存在相当大的差距。我国的品牌展会不仅数量少,规模也比较小,据2012年发布的会展蓝皮书《中外会展业动态评估年度报告》显示,我国室内展出面积为10万平方米以上(含10万平方米)的超大场馆仅16个,室内展出面积为5万平方米以上(含5万平方米)10万平方米以下的大型场馆仅29个,其他

---

❶ 郭晓熹. 品牌塑造会展行业 [J]. 中国科技财富, 2005 (9): 68-72.

均为 2 万平方米以下的中型场馆和 0.5 万平方米以下的小型场馆，展会规模偏小，难以形成规模效应。

2. 缺乏对自身明确的定位，特色不鲜明

品牌是知名度和美誉度的代名词，作为品牌会展，自然应当是知名度和美誉度并存。从国际知名展会的发展历程来看，可以发现：定位是发展的关键。每个品牌展会都有自己明确的定位和鲜明的特色，只有找到定位，才能找到适合自己的发展道路，从而获得知名度和美誉度。但是现在，我国很多品牌展会，仅仅着眼于提高会展的知名度，忽视了对会展进行必要的定位，没有明确的定位，也就没有鲜明的特色，难以在观众心中留下深刻的印象，美誉度也就无从谈起了。品牌最本质的作用就是进行区分，展会缺少了鲜明的特色和明确的定位，观众难以从数目繁多的会展项目中将品牌会展区分出来，这个会展也就失去了作为品牌展会的意义。观众在众多会展中迷失，会展也失去了忠诚的观众群，难以盈利。

3. 缺乏推陈出新的意识，难以输出持续价值

很多品牌展会缺乏创新意识，满足于现状，形成了固定的思维模式，不再对营销主体、营销手段和营销内容等方面进行创新。这样的会展品牌久而久之就失去了活力，不再能对参展商产生吸引力，也不能为会展品牌输出持续价值。不能输出持续价值，品牌会展也就很难做到盈利。

4. 规范化不足

我国的品牌会展上侵权的问题比较普遍，知识产权保护工作还不到位。会展是一个信息高度透明化的场所，各种信息在会展上积聚、交流。因此，品牌会展上展出的新产品很容易被仿制、抄袭。很多参展商为了避免这种情况，都选择不展出研制成功的最前沿的产品，以防止抄袭。这样不利于品牌展会的长远发展。

5. 会展的实态与传播形象有较大差异

展览公司在前期对会展进行宣传时，并不是按照会展的实态进行如实的宣传，而是按照自己心中的期望进行宣传。而且在很大程度上还存在本末倒置的情况，只管宣传，不管会展上的具体工作，既不愿

意改善服务，也不愿意引进人才，最后导致观众到达展会现场后因服务不到位或展览效果令人失望而对展会进行投诉，得不偿失。

[案例] 新世纪中国杭州西湖国际博览会的举办情况

自 2000 年以来，中国杭州西湖国际博览会（以下简称"西博会"）每年举办，从 2000 年至 2004 年，西博会共举办展览、会议、节庆活动项目 245 个，参会客商和游客突破 3100 万人次，贸易成交突破 418 亿元，引进外资 31.6 亿美元，引进国内投资 380 亿元，实现了西博会的"发展会展业和招商引资的平台，精神文明建设的载体，老百姓和中外游客的节日"的办会宗旨。

（一）第二届至第六届西博会的概况❶

（1）第二届西博会于 2000 年 10 月 20 日至 11 月 10 日举行，为期 22 天，由国家建设部、国家旅游局、国家国内贸易局、国家轻工业局、浙江省人民政府、中国国际贸易促进委员会、中国文学艺术界联合会主办，杭州市人民政府承办，共安排了 39 个项目。时任中共中央政治局委员、国务院副总理钱其琛参加开幕式并宣布第二届西博会开幕，中央政治局原常委、全国人大常委会原委员长乔石，时任全国人大常委会副委员长吴阶平，时任全国政协副主席孙孚凌，原国务委员王芳和 22 个中央、国家机关的 44 位部级领导，省委、省人大常委会、省政府、省政协、省军区领导参加了第二届西博会的开幕式，视察了有关展览、会议和活动。参会人数达 573.72 万人次，招商引资项目总投资额 137 亿元和 3.11 亿美元。展览项目成交额达 56.2 亿元。经统计，第二届西博会创造增加值 5.5 亿元，拉动杭州市 2000 年 GDP 增长 0.42 个百分点。

（2）第三届西博会于 2001 年 10 月 20 日至 11 月 10 日举行，为期 22 天，由国家旅游局、国家广播电影电视总局、浙江省人民政府、中国国际贸易促进委员会、中国文学艺术界联合会、中国轻工业联合会主办，杭州市人民政府承办，香港贸易发展局为支持单位，共设 46 个

---

❶ 选取自浙江省政府《关于建设西湖博览会的批复》。

项目，中共中央政治局原常委、全国人大常委会原委员长乔石，时任全国人大常委会副委员长王光英、蒋正华、成思危，全国人大常委会原副委员长陈慕华，时任全国政协副主席李贵鲜、陈锦华、经叔平，原国务委员、公安部原部长王芳，中央和国家有关部门、武警总部、第三届西博会主办和支持单位的领导，浙江省、杭州市领导和兄弟城市、国际友好城市代表，中外来宾和观众共约 606 万人次参加第三届西博会。会展期间，各项成交额 74 亿元，协议引进内资 119 亿元，协议外资 7.1 亿美元，直接门票收入 1553 万元，创造增加值 9.85 亿元，直接拉动杭州当年 GDP 增长 0.67 个百分点。

（3）第四届西博会于 2002 年 10 月 20 日至 11 月 10 日举行，为期 22 天，由国家旅游局、国家广播电影电视总局、浙江省人民政府、中国国际贸易促进委员会（以下简称"中国贸促会"）、中国轻工业联合会、中国纺织工业联合会、中国商业联合会主办，杭州市人民政府承办，国家科技部、国家文化部、中国科学院、中国工程院、香港贸发局为支持单位，共设 50 个正式项目，8 个支持项目。时任中共中央政治局常委、全国人大常委会委员长李鹏，中共中央政治局原常委、全国人大常委会原委员长乔石，中共中央政治局原常委、中央军委原副主席刘华清，全国政协原副主席杨汝岱、白立忱亲临指导，中央和国家有关部门、第四届西博会主办和支持单位领导，浙江省、杭州市领导和兄弟城市、国际友好城市代表参加了第四届西博会，澳大利亚前总理霍克、越南前副主席阮氏萍、韩国前副总理赵淳等外国政要，联合国、欧盟规划理事会、国际商业联盟、国际住房与规划联合会、国际酒店与餐馆协会等国际组织的高级官员及专家，外国驻华外交官等中外来宾和观众共 631.7 万人次参加了第四届西博会。实现贸易成交 81.59 亿元，协议外资 8.05 亿美元，引进内资 66.4 亿元，门票收入 1675.39 万元；区（县）市引进内资签约项目 60.14 亿元，直接拉动杭州当年 GDP 增长 6.5 个百分点。

（4）第五届西博会于 2003 年 10 月 18 日至 11 月 8 日举行，为期 22 天，由国家广电总局、国家旅游局、浙江省人民政府、中国贸促会、中国工程院、中国轻工业联合会、中国纺织工业联合会、中国商业联合会主办，科技部与香港贸发局支持，杭州市人民政府承办。第五届西博会共安排39个正式项目，15个支持项目。时任中共中央军委主席江泽民，时任中共中央政治局原常委、全国人大常委会原委员长乔石，全国人大常委会副委员长乌云其木格，中共中央政治局原委员、全国政协原副主席杨汝岱，全国人大常委会原副委员长陈慕华，全国政协原副主席孙孚凌，中央和国家有关部门、第五届西博会主办和支持单位领导，浙江省、杭州市领导和兄弟城市、国际友好城市代表等中外来宾和观众共641.58万人参加了第五届西博会。正式项目实现贸易成交额84.67亿元，支持项目实现贸易成交额18.5亿元，协议利用外资6.34亿美元，引进内资72.43亿元。"西博之旅"组团游客11.8万人次，直接拉动杭州当年GDP增长0.67个百分点，各区、县（市）利用第五届西博会平台开展引资活动，共引进资金87.75亿元。

（5）第六届西博会于2004年10月16日至11月6日举办，为期22天。由国家广电总局、国家旅游局、浙江省人民政府、中国贸促会、中国工程院、中国轻工业联合会、中国纺织工业协会、中国商业联合会主办，科技部、中国科学院、香港贸发局支持，杭州市人民政府承办。共安排了55个展览、会议、文体和商旅活动。中共中央政治局原常委、全国人大常委会原委员长乔石，时任全国人大常委会副委员长李铁映、蒋正华，时任全国政协副主席张怀西，中央和国家有关部门、第六届西博会主办和支持单位领导，浙江省、杭州市领导和国内外友好城市代表等中外来宾和观众共672万人次参加了第六届西博会。共实现贸易成交额89.64亿元，协议利用外资7.2亿美元，协议引进内资84.83亿元，直接拉动杭州当年GDP增长0.51个百分点。

(二) 西博会的主要特点 ❶

（1）西博会项目的安排围绕"住在杭州""游在杭州""学在杭州""创业在杭州"的城市品牌和全球化、新经济的要求，求专求精，形成品牌系列。西博会是由一系列专业性展览、会议、活动有机结合的综合性博览会。一年一度的西博会成为杭州市的标志性事件。

---

❶ 摘取自浙江省政府《关于建设西湖博览会的批复》。

以展览、会议、活动三大板块的项目互为补充、互相渗透、有机结合，在广博中求精专，形成"广博"的声势、宏大的气魄、轰动的效应。体现"住在杭州"的项目有人居展、家具展、布艺展和中国物业管理论坛，体现"游在杭州"的项目有西湖国际烟花大会、西湖狂欢节、中国天目山森林旅游资源博览会、旅游交易会、旅游区域合作研讨会、国际旅游（休闲）商品博览会、中国（杭州）美食节、国际民间艺术节等，体现"学在杭州"的项目有中国杭州名师名校长论坛、高等教育论坛、国际教育展、西湖书市和一系列专业性论坛、研讨会等，体现"创业在杭州"的项目有"天堂硅谷"国际创业论坛、高新技术高峰论坛、国际高等院校服装设计教育高层论坛、国际青年计算机会议、百名海外博士浙江杭州行和人才交流大会等。

（2）所有项目分层次操作、分类管理。西博会组委会负责总体策划和总体协调，进行项目管理，但不直接运作项目，所有项目都由项目责任单位运作。按照正式项目和支持项目进行分类管理，正式项目中又划分为注册项目、申报项目、引进项目。

西博会的项目申报条件对举办场地、时间、人数、规模、成交额以及申报方案等相关要素都进行了明确的要求，以确保西博会项目的质量。

西博会的注册项目必须是由项目单位实行市场化运作、连续举办3年以上、规模和质量逐年提高并获西博会组委会2次以上表彰的具有品牌连续性的项目，经西博会组委会办公室审核同意后方可冠名，一次注册3年有效。注册项目目前有10个，分别是西湖国际烟花大会，中国（杭州）美食节，中国杭州名师名校长论坛，中国（浙江）国际家具展览会，国际有线电视技术研讨会，中国浙江国际自行车、电动车展览会，中国西湖情大红鹰玫瑰婚典，西湖艺术博览会，杭州人才交流大会，中国杭州国际汽车工业展览会。

西博会的引进项目为从国内外引进的重要国际性、全国性项目。一般不与西博会注册项目内容重复、雷同、交叉，有业内权威机构和权威人士直接参与举办工作，举办单位（或合作单位）有丰富的经验和业绩。如新丝路国际模特大赛、全国铁人三项锦标赛等。

西博会的支持项目举办时间不受西博会举办时间限制。主要为：符合西博会项目标准，但举办时间安排在西博会期外的项目（主题相近的项目，最多上半年和下半年各举办一次）；具有发展潜力和市场前景，行业机构、会展企业等专业机构参与举办，有意连续举办，可为今后西博会进行培育的成长性项目；在西博会正式项目报名期截止后报名的高档次和高水准的成熟项目。如中国·杭州千岛湖国际游艇展示推介会，首届全球化制造与中国高层论坛，"明珠杯"首届"杭州形象使者"评选大赛，警察与科学国际讲坛，复旦高层管理论坛，首届全球数字图书馆国际学术研讨会，杭州国际科技生活应用博览会，第八届国际弦乐夏令营，西湖国际定向节，中国国际香水及彩妆展览会，国际旅游小姐冠军总决赛等。

西博会以一批每年都办的保留项目为骨干，如中国国际丝绸博览会，中国工艺美术大师作品暨工艺美术精品博览会，快乐杭州——中国杭州西湖狂欢节，中国（杭州）集邮文化展，杭州科技合作周，中国杭州国际旅游（休闲）商品博览会，杭州（国际）丝绸时尚节，西湖合唱节，中国杭州商业特色街风采展示活动，中国（杭州）国际电脑节，"商业杯"杭州国际城市围棋赛等。每年引入的新项目占总项目的1/3以上。

（3）杭州市政府以西博会为契机，为发展杭州的会展业提供平台。西博会实行加盟经营模式，由政府经营西博会品牌，企业操作西博会项目，市场化运作。有序的项目管理方式，使项目的宣传和组织管理工作卓有成效。

西博会项目依托全市的文化、产业、资源等优势，项目举办单位多元化。西博会项目有联合国教科文组织、各国际组织举办的，有政府部门举办的，有行业组织举办的，也有会展企业举办的，还有高等院校、科研机构和民营企业举办的，举办单位自筹资金，自负盈亏，实行市场化的运作方式。如有2个以上主体申报同类项目，优先选择规模大、效益好、承办单位实力强的项目。经评估具有同等举办资格和实力的，可采用竞争申办的方式择优确定项目举办单位。西博办对西博会的广告资源、牌誉资源、配套服务资源进行运作管理，筹集办会资金,实现"以会养会"。

西博会项目立项后,西博办和组委会工作部门负责对项目筹备和组织实施情况进行指导、协调、跟踪、服务和考核、评估,对项目在宣传、促销、市场推广等方面给予支持。为了吸引国内外权威机构和著名展览公司到杭州来举办大型会展活动,西博会出台《关于对引进大型会展和旅游节庆项目进行奖励的实施办法》的政策,对引进国内外高档次会展活动的单位和个人给予鼓励。

(4)西博会的宣传工作既有西博会的整体品牌宣传和推介,也有各项目的促销和市场推广。

强有力的宣传推介工作是西博会成功举办的基础。西博会的宣传造势、新闻报道,以及西博会新闻发布会,西博会宣传资料,境外宣传推介,西博会网站,西博会的户外、电视、广告、报纸、网络广告,都对扩大西博会的影响力起到了推动作用。每年推出西博会的宣传画册、会刊、参会指南、宣传折页、海报、手提袋、口袋书等各式印刷品资料50多万份。

各项目根据自身的特点,针对目标客户和专业观众,在西博会的影响力下,有针对性地向境内外开展招商招展活动。

(三) 在西湖举办的西博会项目❶

西湖是举办艺术类和旅游休闲类西博会项目的最佳天然场所,在西湖中或西湖边举办的西博会项目累计达20多个。在西湖举办的观光、节庆、文体活动和会议有杭州西湖国际烟花大会、杭州西博航空特飞表演,中国·杭州西湖玫瑰婚典,西湖狂欢节,浙江省暨杭州市国际马拉松赛,杭州西湖钓鱼邀请赛,杭州西湖花会,铁人三项国际积分赛暨全国冠军赛,中国杭州西湖博览会闭幕式西湖歌舞文艺演出,西泠印社藏书画精品展,西湖国际雕塑邀请展,"西湖风情"书法、国画、篆刻艺术系列展,浙江省博物馆文物·艺术精品系列特展,"天下西湖聚西博"活动,"休闲在杭州"摄影作品展览,等等。

---

❶ 百度百科. 杭州西湖国际博览会. 资料来源:http://baike.baidu.com/view/2983396.htm.

在西湖中举办的最著名的项目为在西湖水域上空施放的西湖国际烟花大会,是西博会中观众人数最多的项目。来自中国、日本、德国、西班牙、意大利、荷兰和比利时等国家的烟花,配合水上烟花和音乐烟花,被组合成"杭州欢迎你"等各种蕴含喜庆和地域特色的文字,燃放时间在50分钟左右,展现出一派壮观景象。沿湖周边和白堤、苏堤、南线都挤满了前来观赏烟花的游客。当各种特色烟花燃放时,游客和市民们发出一阵阵惊叹和欢呼,掀起阵阵高潮,在西湖沿线观看烟花大会的市民和游客曾经最多达到90万人,西湖沉浸在欢乐的海洋中。原党和国家领导人江泽民、李鹏、乔石等同志均到杭州观赏过烟花大会。

第二章　会展城市品牌

第一节　会展对城市的作用

　　会展在我国作为一项新兴产业，虽然起步很晚，但是发展速度相当快，目前的年均增长速度已高达20%，且已经形成了以环渤海会展经济带、长三角会展经济带、珠三角会展经济带、东北会展经济带以及中西部会展经济带为主的五个会展经济带，成为经济发展中的一个不可忽视的亮点。目前随着全球化程度的提高和经济的迅速发展，会展作为一个影响面广、联系量大、规模效应高且关联度高的新兴产业，其对城市发展的推动作用也日益增加，因此被称为城市经济发展助推器。会展对城市的作用主要表现在以下六个方面。

一、会展提高城市的竞争力

　　会展是一个具有高度集聚性和高规模效应的产业，它的集中资源进行展示和交流的功能使它能在短时间内为会展举办城市带来大量的人流、物流、技术流、资金流以及信息流，这些流动要素的汇集能够产生极大的辐射作用，不仅带动会展举办城市的会展业发展，还能带动很多相关产业如酒店业、饮食业和广告业等行业的发展，极大地增加城市的收入，优化城市的商业投资环境，推动城市经济的发展。如2010年上海举办世博会，上海的酒店、旅游、交通等各项基础设施建设得到了极大的改善和提高，城市的各项功能也更加完善，上海与其他国家的国际交流合作也更加频繁，这为上海奠定国际化大都市的地位创造了良好的条件,同时还推动了上海旅游和科技事业的发展,上海的城市竞争力也得到了极大提升。

会展提高城市的竞争力还体现在本地的企业可以通过参加会展走向国内和国际市场舞台,提高本土企业的知名度和市场竞争力,从而提高城市的竞争力。

二、会展提高城市的知名度

从会展的定义中可以得出,集中资源进行展示交流是会展最重要的功能。会展的这一功能能在很大程度上提升城市的知名度。每当有会展举办时,就会有大量的人流汇集在会展的举办城市,他们在参加会展的同时,也能切身体验到这座城市的经济发展水平和各方面的魅力,这对于举办会展的城市来说,能起到相当大的宣传作用。城市通过会展向来自世界各地的人们展示自己的经济发展水平以及科技发展实力,宣传自己的旅游资源,展示自己的形象,从而提高自己在国内外的知名度和美誉度。如2011年西安世界园艺博览会的举办,成功地向世界推广和展示了陕西西安现代、绿色、时尚、美丽的新形象,提高了西安在国际和国内的知名度,为西安建设国际化大都市打开了一个重要的突破口。

三、会展增加城市就业

会展具有很强的辐射性,目前,我国的会展业产业带动系数已达1∶9,这样高的产业关联度使得它不仅能促进举办城市会展业发展,还能有力地推动与之相关行业的发展,而这些相关行业的发展自然能够为城市创造更多的就业机会。据资料调查显示,会展的展览面积每增加1000平方米,就能为当地创造近百个就业岗位,这对于缓解当前严峻的就业压力无疑是一条有效的途径。如作为第二次世界大战战败国的日本,原本国力窘迫,民不聊生,后来通过举办1964年的东京奥运会,举全国之力进行大规模的公共事业建设,成功带动了制造业、建筑业、交通运输业、服务业等行业的迅速发展,为日本增加了很多就业岗位,从而成功地使日本一跃成为世界第二大经济体。

四、会展推动城市的基础设施建设

会展的良好运行必须建立在完备的城市基础设施上,因此,各个城市想要取得会展的举办权,都会大力完善城市的各项基础设施,加大对其进行新建或改建的力度,从而提升城市的各项服务水平和服务质量,以满足来自国内外的参展者的需要,这无形中会推动城市的基础设施建设,改善城市的自然生态环境和居民的生活环境,为城市的发展建设提供巨大的推动力。如 2008 年北京奥运会的筹备期间,北京市政府投资 2800 亿元用于北京市的各项基础设施建设,其中包括大量的轻轨、地铁投入建设,极大地改善了北京的交通运输状况。

五、会展推动城市招商引资

招商引资是会展的一项非常重要的功能,城市可以通过举办会展,吸引海内外的客商来对城市的大型商业项目进行投资,为城市经济的发展提供巨大的推动力。如杭州市于 2003 年举办的第五届中国杭州西湖国际博览会,正式项目实现贸易成交额 84.67 亿元,支持项目实现贸易成交额 18.5 亿元,协议利用外资 6.34 亿美元,引进内资 72.43 亿元。"西博之旅"组团游客 11.8 万人次,直接拉动杭州当年 GDP 增长 0.67 个百分点,各区、县(市)利用西博会平台开展引资活动,共引进资金 87.75 亿元,极大地推动了杭州对外进行经济交流与合作,创造了巨大的经济效益。

六、会展推动城市文明水平的提升

举办会展是一项规模浩大的工程,其间不仅包括参展商和消费者之间的沟通,还包括政府、企业以及社会各主体间的交流与沟通,这对于丰富举办地的文化并提高当地市民的文明程度,推动城市文明水平的提升具有相当大的作用。

第二节　城市会展品牌的特点

一、城市会展品牌的特点

城市与会展品牌的关系密切，通过分析国内外各大城市的品牌展会，可以得出城市会展品牌具有以下特征。

（一）专业化程度高

随着社会经济的发展和社会生产力水平的提高，城市的会展品牌开始向专业化的方向发展，所谓专业化，是指会展产业链上的分工专业化、会展活动服务专业化、会展项目运作的专业化[1]。在分工专业化方面，城市的品牌会展开始专注于某一个特定的领域，不再要求展览内容面面俱到，而是追求专业性，直接面向专业参观者，从而获得更好的展览效果。如大连的服装展，深圳的高新技术产业展，香港的玩具展。从中可以看出，专业性已成为城市品牌会展发展的趋势；在服务专业化方面，城市品牌会展的服务全面，服务人员均具有丰富的办展经验，且对行业也有较高的认知度，办展水平高；在项目运作专业化方面，城市品牌会展的项目运作流程更加专业和规范。

（二）地缘化程度高

城市品牌会展的地缘性特点日益明显，城市在举办会展时，越来越注重挖掘本地的资源优势，根据本城市的资源条件来培养相应的有品牌效应的展会。以广州为例，广州毗邻港澳，与香港会展中心相比，广州在举办会展的条件方面优势并不突出，但是广州在接待外商的条件方面，比港澳以及大陆地区优势明显。东南亚国家有相当大一部分的人都会说粤语，这些外商在广州举办会展，可以不受语言方面的限制，且内地的商人在广州参加会展可以不受出入境方面的限制，会展的影响范围比香港会展的影响范围大，不仅能影响到港澳地区，还能

---

[1] 王方华，过聚荣，张月莉. 发展会展事业　提高城市竞争力 [J]. 商业研究，2009 (9)：122-125.

影响到内地。广州根据自身的这些优势，主打中国进出口商品交易会，即广交会，使广交会成为一个具有极大影响力的品牌会展。

（三）权威性强

城市的品牌展会大多得到了地方政府的支持，政府的扶持和保护能使品牌展会更具权威性。如武汉市政府于2004年出台了《武汉市人民政府关于加快武汉会展业发展的若干意见》（以下简称《意见》），计划用5年时间，把武汉建成我国中西部地区的会展中心城市，展会总面积达到100万平方米。《意见》中提出了一些对会展业进行扶持的措施，如组建会展业工作领导小组，由市人民政府主要领导担任小组组长，来研究决定会展业发展的战略规划和产业政策；着力扶持一批重点品牌展会，政府有关部门为会展业做好服务工作；各有关部门应按照各自职能积极为会展业提供优质服务；此外，《意见》中还规定，人事、劳动保障等部门要研究和采取有力措施，千方百计引进国内外高素质会展专业人才落户武汉，参与武汉会展业发展；鼓励武汉市大专院校因地制宜开设会展专业课程和会展专业培训，为武汉市会展业发展提供必要的人才保证❶。这些政府的政策扶持，不仅增强了会展的知名度和美誉度，推动了会展业的发展，还使会展更具权威性。

（四）规模大

规模大是城市品牌会展的一个显著特征，它通常能在短短几天的展览期限内吸引很多参展商和专业观众的参与，形成良好的互动，获得相当大规模的效益。以1947年举办的第一届"汉诺威工业博览会"为例，在21天的展期中，有来自53个国家的736000名观众参观了展会，1300名展商在总计30000平方米的展馆内展出了他们的产品，签订的订单及商业合约多达1934份，合计金额3160万美元左右，规模浩大。

（五）关联度高

会展业与旅游、文化、媒体、交通、通信、餐饮等相关行业关系

---

❶ 转摘自《武汉市人民政府关于加快武汉会展业发展的若干意见》。

密切，城市品牌会展的发展与这些相关行业的发展之间存在着很高的关联度，会展业的发展可以带动这些相关行业实现良性发展。目前，我国的会展业产业带动系数已达1∶9，这样高的产业关联度使得城市品牌会展已成为带动城市经济发展的新亮点。以深圳为例，深圳的会展业产业带动系数已高达1∶9，深圳从自己的产业资源和地域优势出发，形成和培育了文博会、光博会、高交会、家具展、电子展、钟表展、服装展等10多个具有一定规模的品牌展会，推动了深圳高新技术、文化产业以及服务产业的提升和发展。

（六）前瞻性

城市品牌会展具有前瞻性的功能，它经常能够走在行业发展的最前沿，引领潮流。它不仅能够展示最新的科技产品和科技成就，还能够提供最新的专业知识，指导行业的发展方向。

二、城市会展品牌的成功要素

会展业的迅速发展以及它对其他行业的带动作用，使它成了带动城市经济发展的新亮点。各个城市都希望培养出自己的会展品牌，把自己打造成为会展城市，从而推动城市的经济发展。而要成功打造城市会展品牌，以下三个因素应该说是非常重要的，这三个因素对于会展知名度和美誉度的提升都有重要意义。

（一）正确的定位

正确的定位是城市会展品牌取得成功的首要因素，它不仅关系到能否顺利地对本地优势资源和区域特色进行挖掘和提炼，还关系到城市能否形成自己的独特品牌，走出举办会展同质化的局面。各个城市要善于根据自己的优势资源和区域特色，对会展进行正确的定位，并在此基础上，对会展的品牌进行形象定位，使会展呈现鲜明的主题，具有鲜明的特色，更具竞争性。如哈尔滨利用其独特的冰雪资源，将会展的主题定位为冰雪，充分利用哈尔滨独特的冰雪文化，举办一系列的以冰雪为题材的会展，既新颖又独特，吸引了越来越多的旅游者，给哈尔滨带来了上亿元的旅游收入，使其成为哈尔滨新的经济增长点。

(二) 完善的会展服务

全面周到的会展服务，贯穿于会展的每个环节中，它可以给参会者带来良好的体验，这对于打造城市会展品牌是必不可少的。这些服务既包括发生在展览现场的租赁、广告、保安、清洁、展品运输、仓储、展位搭建等专业服务，也包括餐饮、旅游、住宿、交通、运输等相关行业的配套服务，让客户从这一条龙的服务中获得良好的参展体验。与此同时，服务的细节也至关重要，人性化的服务可以帮助会展在同质化的竞争中脱颖而出，注重细节可以使服务更加亲切自然，让参展者乐于接受，这些都可以使会展在客户心中留下深刻的印象，从而吸引一批稳定的客户群并不断赢得新客户，这对于打造城市会展品牌具有相当重要的意义。这些年，我国很多城市的会展虽然办得有声有色，但是与国外成熟的会展相比，在服务保障的能力方面仍有很多欠缺，呈现出粗放式举办特点，这对于城市会展品牌的打造极为不利。因此，城市要成功地打造出会展品牌，加大专业性的服务力度至关重要。

(三) 全面的营销

正确的定位和完善的会展服务还不足以打造出一个成功的城市会展品牌，现在早已不是人怕出名猪怕壮的时代，酒香还怕巷子深，运用全方位的营销手段，将会展展示出来并推广出去，对于城市会展品牌的打造至关重要。全面的营销既包括会展内部营销，还包括会展的外部营销。内部营销是针对会展组织内部的员工而言，向他们宣传会展的理念并帮助他们树立会展的品牌观，齐心协力帮助会展实现品牌化发展；外部营销是针对广大的客户和观众而言，即运用多种传播手段和传播渠道，以提高和扩大会展的知名度和美誉度，树立会展在公众心中的品牌形象。

第三节　中国著名城市的会展品牌

自我国进行改革开放，推行市场经济政策以来，我国的经济得到了高速发展，作为经济的助推器的会展业，也初步形成了五大会展经济带，即环渤海会展经济带、长江三角洲会展经济带、珠江三角洲会展经济带、东北会展经济带、中西部会展经济带，它们以北京、上海、广州、大连、成都、昆明以及西安为中心，形成了相应的城市会展品牌。在这里，以北京、广州、上海和大连为代表，分析中国著名城市的会展品牌。

一、北京会展品牌

北京作为我国的政治和文化中心，与其他城市相比，在发展会展业方面拥有显著优势。

首先，北京拥有大量的全国性机构和重要行业协会，除去中央部委之外，500多个全国性行业协会有一半以上在北京，很多跨国公司的驻华总部也设在北京，这为北京举办专业性的展览会提供了极大的优势。经过二十多年的发展和培育，北京也形成了一批走在行业发展前沿，具有前瞻性的专业性的品牌会展，这些品牌会展大多集中在印刷、机床、工程机械、通信和服装等专业领域，具有相当大的影响力，如北京国际汽车展览会，由于其在国内外产生的重要影响力，已被众多国际知名汽车公司列为全球最重要的国际级车展，也被中国本土汽车企业视作展示自主知识品牌，推出最新科技成果的首选平台。

其次，北京还是大量思想者和很多产业领域的前沿研究者的聚集地，中央级科学技术研究机构和研究组织也大多选址在北京，高级人才集中，这就为会展业提供了发展所需的信息和思想支持，如北京聚集了很多规模行业内知名的会展公司，如中国国际展览中心集团公司、北京环球励华国际展览有限公司等，为北京会展业的思想和信息交流提供了重要的支持条件，使北京成为会展的重要策划地。

再次，北京拥有完善的基础设施，大批设备一流的展览场馆为北京发展会展业提供了重要的支撑。如位于北京市朝阳区的中国国际展览中心，离市中心10千米，离使馆区5千米，离机场20千米，周围有星级酒店20余座，场内的水、电、暖、冷、电信等配套设备齐全；设有大型报告厅、会议室、技术交流室、贸易谈判间和餐厅等，可供举办大型展览会和会议。为展览会服务的海关、运输、施工、旅游、饭店、物品租赁、餐饮等在中心均设有办公场所或配套设施，展商无须出院门即可得到与展览会有关的各种服务。❶ 完善的基础设施为北京会展业的发展提供了有力的支撑和保障。

又次，北京市场在中国市场上处于中心位置，北京市场拥有相当大的社会需求总量和市场交易总量，且市场信息高度密集；从地理位置的角度来讲，北京对西北、东北、华北等内陆地区有极强的辐射作用，它的普通消费产品能对内陆地区产生一定程度上的消费示范作用；北京在我国贸易格局中占有重要的基础地位，这为北京会展业的发展奠定了非常重要的基础和条件。❷

最后，北京会展业的国际化程度也在不断提高，很多展会经过多年的发展和培育，已成为国际知名会展，如机床展、纺织机械展、冶金、铸造、锻造和工业炉展已进入国际专业展览会的前四名，且早在2004年，在中国内地22个被全球展览业协会认证的展览中，北京的中国国际机床展、纺织机械展、通信展、服装服饰展、制冷展、工程机械展、冶金展、医疗仪器展和印刷展等10个展览就已位列其中，国际品牌展会数量居全国首位。资料显示，北京举办的国际会展项目增幅明显，2005年，北京举办各类会议17.4万个，其中国际会议有6943个，较上年增长18.7%；举办各类展览2367个，其中国际展览322个，较上年增长9.5%；展览总面积445万平方米，其中，国际展览面积87.8万平方米，较上年增长3.6%。会展的国际化程度得到极大提高。❸

对于北京会展业的发展前景，北京市市政府在《北京市"十一五"时期旅游业及会展业发展规划》中制定了把北京建成中国政治、文化、科技会展的首位城市，国际经济贸易、社会环境、科技文化、专业品牌会展的主要亚洲会展城市，把会展打造成为北京市第三产业的支柱产业之一的总体发展目标。力争到2010年，形成与国际惯例接轨、宏

---

❶ 转引自 http://baike.baidu.com/view/125667.htm。
❷ 转引自北京市原副市长陆昊在2003年中国会展经济论坛上的讲话。
❸ 转引自《北京市"十一五"时期旅游业及会展业发展规划》。

观管理协调、资源配置合理、配套服务优良、市场竞争有序的会展业发展新格局,把北京建设成为亚洲主要的会展城市之一,推动北京会展向更高的层次发展。北京在"十二五"规划中,把会展业从旅游业中独立出来,单独制定会展业发展规划。确立与世界城市相适应的会展业发展目标,把北京打造成世界知名会展之都。

下面以第八届北京国际印刷技术展览会(CHINA PRINT 2013)为例来分析北京的会展品牌。

第八届北京国际印刷技术展览会于 2013 年 5 月 14—18 日在北京中国国际展览中心新馆举行,以"绿色、高效、数字化、智能化"为主题,全面展示了有关印刷的新理念、新技术及各种各样的先进适用的印刷设备和印刷器材。本届展会的主办单位为中国印刷及设备器材工业协会、中国国际展览中心集团公司,支持单位为中华人民共和国工业和信息化部、中华人民共和国新闻出版总署、中国国际贸易促进委员会、中国机械工业联合会、中国石油和化学工业协会、中国轻工业联合会,承办单位为北京中印协华港国际展览有限公司,协作承办单位为东莞中印协国际展览有限公司。吸引了来自中国内地、中国香港、中国澳门、中国台湾地区以及德国、美国、英国、法国、意大利、韩国、日本等 28 个国家和地区的 1326 家企业参展,参展企业数量创造了展会举办的历史纪录,在体现展会国际化的同时,也充分显示出海内外企业对中国市场的重视。参展企业中的海外参展商家有 462 家,占总参展商数的 35%,来自 145 个国家和地区的专业参展观众数量多达 183809 人次,较上届增长了 13% 的人数,其中海外观众 36772 人次,占总参展人数的 20%。此外,本届展会有 80 多个来自欧洲、美洲、非洲以及东南亚地区的参观团,64 个来自国内地方协会和各省、自治区、直辖市的参观团,这些专业观众不仅前来参观,也进行了洽谈和采购。本届展会还启用了中国国际展览中心新馆的 8 个固定场所,搭建了 11 个临时场馆,总展出面积达 16 万平方米,比上届增长 60%。因此,无论从参展商数量、展出规模,还是观众人数来看,第八届北京国际印刷技术展览会都创造了国内印刷展会的历史之最,当之无愧地成为仅次于德国 Drupa 的世界第二大展,成为 2013 年度全球最具区域覆盖和行业影响的世界性印刷行业盛会❶。

  本届展会不仅有很多全球展商同台竞技，带来了最新、最适用的设备、器材、首发产品，而且还举办了一系列丰富多彩的活动，如"第三届国际印刷工业发展论坛（Forum – PI 2013）""2013年中国印刷高峰论坛""第一届中国功能材料印刷技术发展论坛"等报告会、研讨会等活动，活动数目多达60多场，这些活动与展会相互配合，在很大程度上提高了展览会的展览水平和展出效果。除此之外，主办方还在展会期间向参展商发放了调查问卷，并收回了656份有效的问卷，对展出目的、观众质量、总体评价、观众数量、主办方服务和是否参加CP17（CHINA PRINT 2017）等方面进行了专业和科学的统计。

  分析本届展会取得巨大成功的原因，不难发现，以下三点因素对于展会的成功起了巨大作用。

  （1）本届北京国际印刷技术展览会组织力量雄厚，不仅得到了各级领导的关怀，还得到了行业领导部门的大力支持，展会还是由在业内具有相当高知名度的北京中印协华港国际展览有限公司举办。展会在中国国际展览中心新馆举行，中国国际展览中心新馆配套设施齐全，齐全完善的配套服务为展会的成功举办提供了有力的支持和保障。

  （2）本届展会举办了丰富多彩的活动，不仅让观众了解印刷界的现状和未来，还能为参展企业客户指导未来的发展方向，这一系列的活动不仅加深了客户对展会的印象，还成功地树立了展会的品牌形象。

  （3）本届展会的主办方采取问卷调查的形式对展会进行全方位的分析，确保展会数据的专业性和科学性。科学的数据分析对于打造品牌会展起着巨大的作用。

二、广州会展品牌

  作为全国改革开放的前沿地区，广东省的经济发展迅速，开放程度高，成为中国区域经济中发展速度最快、最具活力的地区。而广州作为广东省的政治、经济、文化中心，是整个华南地区人流、物流、

---

❶ 转引自《第八届北京印刷展展后报告》。

资金流、信息流量最大的集散地区和区域中心城市，在发展会展业方面也拥有很多独到的优势。

首先，广州所处的地理位置优越，毗邻中国香港和澳门，连接东南亚，自古以来就是我国非常重要的贸易口岸，市场辐射能力强，且它位于珠江三角洲会展经济带的腹地，而珠江三角洲是我国会展业发展最早、会展经济最活跃的地区之一，这无疑为广州发展会展业奠定了良好的基础。与此同时，珠江三角洲地区交通发达，便利的交通运输条件和完善的基础设施为珠江三角洲会展经济带建立"两小时会展经济圈"提供了极大的便利。"两小时会展经济圈"包含珠三角与香港、澳门这个会展黄金带，以及香港、广州、深圳、顺德、东莞等珠三角会展产业带，因为地域相邻，海外参展商来香港或深圳参展，同期可以到广州、东莞、顺德、中山等地看多个展览，并且可以直接到工厂看样品。[1] 珠三角地区建设的"两小时会展经济圈"，可以在很大程度上推动珠三角会展经济带的发展，而广州作为珠三角地区的政治、经济、文化中心，通过"两小时会展经济圈"的资源共享和优势互补，自然能进一步推动广州会展业的发展。

其次，广州的开放性程度高。广州作为改革开放的前沿地区，较早实行市场经济，对外开放的程度高。2013年4月6日，国家发展和改革委员会国际合作中心在博鳌发布《中国城市对外开放指数研究报告》，公布了中国27个省会城市以及5个计划单列市的对外开放程度的得分及排名。这是中国官方首度公开发布城市对外开放指数，其中广州以78.74分位列第二，获评对外开放的"金牌城市"。与其他城市相比，广州的优势在于其综合实力和开放的均衡性，这对于广州开展进出口贸易，举办中国进出口商品交易会提供了极大的便利。资料显示，广州每年举办的展会中，国际性的展览会就占了1/3。

再次，广州发展会展拥有完善健全的基础设施，为会展业的发展提供了有力的支撑。广州的展馆数目众多，不仅有亚洲最大的现代化

---

[1] 谈佳隆. 广州、北京、上海之后 谁是中国会展产业"第四城"[J]. 中国经济周刊, 2006 (15): 34-35.

展览中心——中国进出口商品交易会展馆（广交会展馆）、广州锦汉展览中心、保利世贸博览馆，还有广州国际会议展览中心（琶洲展馆）、广州国际采购（展览）中心、广州琶洲南丰国际会展中心等。位于广州琶洲岛的广州国际会议展览中心，首期建筑面积达39.5万平方米，共有一二层展厅16个，首期展示面积约13万平方米，是目前亚洲最大、世界上第二大的会展中心，仅次于德国汉诺威展览中心。2007年年底，展馆的二期工程建成，总建筑面积达39万平方米，面积和摊位数将跃升为世界第一。展馆的配套设施齐全，以珠江散步道为中心，设有商务中心、银行、海关、邮局、旅游、餐饮、票务等配套服务点，展馆内外有广告载体灯箱、电子屏幕、户外广告牌等多种形式的广告载体，为客商提供丰富的宣传渠道。展馆的交通设计也非常便利，行人可畅通无阻，展品也可以直达展位。完善健全的基础设施和全面的配套服务可以给参展商带来良好的参展体验，这对于推动广州会展业的发展具有积极的作用。

  又次，广州会展业的发展得到了政府强有力的扶持。对于广州会展业的发展，政府提供了种种政策扶持，在广州市国民经济和社会发展"十一五"规划纲要中，首次将会展业的发展纳入其中，提出要将广州建设成为亚洲主要会展城市和国际会展中心城市的总体发展目标。力争到2010年，把会展业发展成为广州市经济发展的重要支柱产业，培育一批具有国际知名度的品牌展会，届时会展业直接收入达30亿元，占全市GDP总量的5%。为了实现这一目标，广州市政府出台了《关于加快会展业发展的若干意见》（以下简称《意见》），在《意见》中提出着力打造会展功能集聚区、培育会展龙头企业和品牌会展、加强会展业对外交流与合作、推动完善会展产业链条、做强会展公共支撑体系、加强政府扶持与服务等几项具体措施❶，为广州会展业的发展保驾护航。

  最后，广州已经拥有了一批品牌展会和专业机构，这批品牌会展和专业机构已成为广州会展业发展的助推器。作为中国第一届广交会

---

❶ 转引自《关于加快会展业发展的若干意见》。

的举办地，广交会对于广州会展业的发展意义重大，成就了广州会展之都的地位。除广交会之外，广州还拥有广州电子游戏国际产业展、广州国际旅游展览会、广州博览会等一系列品牌会展，与广交会合力，共同推进广州会展业的发展。

下面以2013年第十一届中国（广州）国际汽车零部件展览会为例，来分析广州的品牌会展。

第十一届中国（广州）国际汽车零部件展览会于2013年6月5日至7日在广州保利世贸博览馆举行，主办单位为中国对外贸易经济合作企业协会，承办单位为广州一流展览服务有限公司，协办单位为中国汽车配件用品行业联合会、广东省汽车配件用品行业商会。本届展会不仅邀请了来自中国内地、中国香港和中国台湾地区以及美国、德国、法国、英国、意大利、巴西、墨西哥、西班牙、俄罗斯、瑞典等众多国家和地区的汽车整车厂、零部件及后市场采购商、供应商及国际著名采购物流协会参加，还邀请了中外汽车行业的权威专家，组织一系列的高端论坛，对行业内的多个热门议题展开讨论。本届展会还有超过百家合作媒体进行全方位的立体宣传报告。展会为广大中外参展商提供了一个专业化、国际化、品牌化的展示交流平台，得到了参展商的一致好评，取得了巨大的成功。

分析这届中国（广州）国际汽车零部件展览会取得成功的原因，可以发现，主要有以下四点因素：

（1）展会是中国商务部按照专业化、国际化、品牌化的原则批办的国家级国际型汽车零部件行业盛会，得到了相关领导部门和行业协会的大力支持，组织机构权威。且展会是由在业内享有较高声誉、实力较强的中国对外贸易经济合作企业协会主办，广州一流展览服务有限公司承办，两者强强联合，相得益彰，共同推进了展会的发展。展会在广州保利世贸博览馆举行，展馆拥有完善的配套设施和良好的承重能力，为会展的成功举办提供了基本的保障。

（2）展会细分了观众群体，在观众的选择方面更加专业。根据展会的特点有选择地邀请汽车行业内的企业，提高了观众的专业性，而一定规模的专业观众，正是展会成功的关键因素。

（3）展会期间有数百家合作媒体对展会进行全方位的立体宣传，如此大阵容的宣传，自然能在参展商和观众心中留下深刻的印象，从而树立起展会的品牌形象。

（4）展会组织了一系列高端论坛，就中国汽车零部件行业的发展现状和所面临的问题进行了深入讨论，还介绍了行业内最新的技术动向，使展会极具引导性和权威性，成了中国汽车产业发展和国际交流合作的风向标，而引导性和权威性正是成为品牌会展的特征之一。

三、上海会展品牌

作为全国经济最发达的地区，上海在发展会展业方面有很多得天独厚的优势。这些优势条件使得上海会展业的发展日益成熟，并日益显现出成为国际会展中心的魅力和风采。

首先，上海作为世界的金融中心和世界的最大城市之一，所处的地理位置优越，区位优势明显。上海位于中国南北弧形海岸线中部，东部临海，西部与江苏、浙江两省交界，腹地广阔，服务范围涵盖了整个中国。上海作为国家对长江流域改革开放的龙头，不仅是整个中国对外联系的门户，还是辐射长江流域、带动全国经济发展的中心区域，地理位置优越。此外，上海所在的长江三角洲地区，是全国最大的经济圈，其经济总量相当于全国国内生产总值的20%，且长江三角洲的进出口总额、财政收入、消费品零售总额均居全国第一。雄厚的经济基础为上海发展会展业提供了充足的物质保障。与此同时，长江三角洲地区交通发达，沪杭高铁的建成，不仅带来了出行的便捷与耗时的缩短，更是将长三角地区"一小时经济圈"的形成推向了实质阶段。沪杭高铁与此前开通的沪宁高铁一起覆盖长三角地区，并且向其他地区辐射的"一小时经济圈"业已形成，这为长江三角洲地区着力打造长江三角洲会展经济带提供了极大的便利，从而进一步推动了长三角经济区域一体化的进程。而上海作为长江三角洲经济区域的中心，通过长三角地区会展经济带的资源共享和优势互补，自然能进一步推动上海会展业的发展。

其次，上海地区发展会展业有明确的政策进行扶持，而政府对于会展业的重视和扶持，对于上海地区的会展业发展起着重要的作用。上海市政府在《上海市国民经济和社会发展第十一个五年规划纲要》中，首次将会展业的发展纳入其中，提出了培育国际会展品牌，发展都市特色旅游产品，建设若干大型旅游基础设施，推动会展旅游业与相关行业融合发展的发展目标。在政策的推动下，上海会展业在"十一五"期间发展极为迅速，基本形成了以展览为主的"大会展"发展格局，展览、会议、节事活动和奖励旅游等呈现全面发展的态势。资料显示，2009年，上海举办各类展览会526个，总展览面积达723万平方米，在全国位居榜首。在接下来的"十二五"规划中，上海市政府又提出了紧紧围绕上海建设"四个中心"特别是国际贸易中心的战略目标，立足于提升上海服务长三角、服务全国、面向世界的水平，抓住后世博时期给上海会展业发展面临的重大机遇，进一步提高上海会展业的国际化、专业化、市场化水平，提升上海会展业的核心竞争力。同时，依托浦东的花木会展区、世博园会展区和浦西已有的"一带四点"会展区及将要建设的虹桥国家会展中心，加快形成"东西联动、错位竞争、优势互补"的会展业发展新格局，推动上海会展业实现跨越式发展的总体发展目标，力争到2015年，将上海初步建成为亚太地区的国际会展中心城市之一，打造成为亚太地区综合会展服务功能完善、法规制度基本健全、国际高端会展优势突出、国际化水平较高、专业性会展高度发展、市场运行机制较为成熟、展会场馆设施较为齐全的国际会展之都。❶

对于会展业的管理，政府也专门出台了《上海市展览业管理办法》，用以完善上海会展业的发展环境，为会展业的发展创造良好的条件。与此同时，在国务院批准实施的《长江三角洲地区区域规划》中，明确了长江三角洲地区发展的战略定位，即亚太地区重要的国际门户、全球重要的现代服务业和先进制造业中心、具有较强国际竞争力的世界级城市群。这一战略定位，势必能够有力地推动长三角地区资源的进一步优化整合，进而推动上海会展业的发展。

---

❶ 摘自《上海会展业发展"十二五"规划（征求意见稿）》。

再次，上海拥有一批设施先进的展览场地和专业的会展公司，配套设施完善。截至 2009 年年底，在上海注册的与会展相关的企业近 3000 家，其中主营会展业务的企业约 700 余家，80% 以上为民营企业，慕尼黑、法兰克福等国际主要展览企业均已在上海成立了独资企业。此外，上海还拥有一批设施先进的展览场地，不仅有上海新国际博览中心（SNIEC）、上海光大会展中心、上海国际展览中心、上海展览中心，还有世博会留下的主题馆、演艺中心和世博中心等一批设施先进的展览场地。其中，位于上海浦东新区的上海新国际博览中心，拥有 17 个单层无柱式展厅，室内展览面积达 10 万平方米，室外展览面积达 10 万平方米。其以单层无柱式为特点的展馆设施及多种多样的现场服务，为其博得了世界的广泛关注。

又次，上海作为全国经济最发达的地区，国际化程度高。很多重要的国际性会议，如上海合作组织峰会、非洲开发银行理事会年会、世界翻译大会等都曾选择上海作为举办地，一些重要的国际性组织和世界 500 强跨国公司也将其在华总部设在上海，高程度的国际化水平为上海举办国际性的会展提供了极为有利的条件。资料显示，2009 年，在上海举办的各类展览会中，国际展览会的数量和面积分别占 44.2% 和 77.5%，比 2005 年分别提高 6 个百分点和 36 个百分点。在上海举办的国际展览会中，境外参展商的比重已由 2005 年的 23.1% 提高到 2009 年的 24.6%。2009 年，在上海召开的各类会议（论坛）中，比较有影响力的国际性会议超过 220 个，年均增长 20%，其中，国际性会议中的境外参会人数的比重也逐年提高。

最后，世博会的推动作用。2010 年世博会为上海会展业的发展搭建了一个良好的国际交流平台，上海会展公司通过参与世博会，视野得到了开拓，而国际性的视野对于其进行展会主题的创新有很大帮助。同时，世博会的举办，促进了上海国际品牌形象和综合服务能力的大幅提升。此外，世博会在为上海留下主题馆、世博中心和演艺中心等一批设施先进的会展场馆的同时，还为上海会展业培育了一大批专业服务人才，极大地提升了上海会展业的人才素质和服务水平。

下面以 2013 中国 LED 展——上海为例来对上海品牌展会进行分析。

2013年，中国LED展以"健康发展，协同共赢"为主题，于2013年11月13—15日在上海新国际博览中心举办，主办单位为中国半导体照明/LED产业与应用联盟、中国电子器材总公司，协办单位为中国科学院半导体研究所、中国光学光电子行业协会、中国电子元件行业协会等一系列行业内专业协会，承办单位为上海江东展览策划有限公司，权威主办，保证了展会的质量。承办单位还与美国、欧盟、日本、韩国、俄罗斯、澳大利亚、印度、新西兰、中国台湾等多个国家和地区的行业组织、品牌企业、国际传媒和海外组展单位和公司建立了长期的合作关系，吸引了众多海外企业组团前来参展、参观。展会还进行了强势的宣传，展会期间，全球120多家行业主流媒体、终端用户权威媒体对展会进行推介；全球多个LED行业知名展会组展及对其进行宣传，提升了本届展会的国际影响力；覆盖全省的大型户外广告，更是全面提升了展会的知名度与影响力。本届展会得到了参展商的一致好评，取得了巨大的成功。

分析本届展会取得成功的原因，主要有以下四点：

（1）作为国内唯一展示中国LED全产业链的展会，展会得到了相关领导部门和行业协会的大力支持。展会由工业和信息化部电子信息司指导，中国半导体照明/LED产业与应用联盟、中国电子器材总公司联合主办，组织机构权威。且展会由专业的组展公司上海冠通展览策划有限公司承办，专业的组展队伍和权威的组织机构强强联合，共同确保了本届展会的质量。

（2）展会进行了全方位的宣传活动，不仅有主流媒体、知名展会对展会进行推介，还利用覆盖全省的大型户外广告，对展会展开强势宣传。全方位大范围的宣传，不仅深化了展会的品牌形象，还能给参展商留下深刻的印象。

（3）展会在观众的选择方面更加专业，展会主办方根据展会的特点和主题有选择地邀请相关企业前来参展，使展会可以取得最佳经济效益。

（4）展会通过举办权威论坛——中国光电行业高峰论坛，发布或聆听行业导向、市场趋势、技术前沿等热点话题，分享经验，使展会极具引导性和权威性，而这正是成为品牌展会的必须具备的基本特质。

四、大连会展品牌

作为东北地区会展产业发展的龙头，大连的会展业呈现出了较快的发展速度。据资料统计，1996年大连的会展业刚处于起步阶段时，举办展会的数量仅为22个，展会面积也仅有21万平方米，贸易成交额低。在经过12年的稳定发展之后，截至2008年10月底，大连当年举办展会的数量为84个，展览面积达86.45万平方米，大连在全国会展城市的排名中跃居第四位，仅次于北京、上海和广州[1]。大连的会展业发展速度和发展质量令世人瞩目，国际展览业协会副总裁、国际展览联盟亚太区主席麦高德就曾多次称大连不仅是中国的展览名城，还是亚洲的展览名城。大连在发展会展业很多得天独厚的优势，这些优势条件共同推动大连发展成为中国的会展中心城市。

首先，大连自身的基础条件好。城市自身的经济发展状况和各方面的条件对于会展业的发展至关重要。作为辽宁省第二大城市的大连，GDP位居东北第一，不仅是辽宁沿海经济带的金融中心、航运物流中心，还是东北亚国际航运中心以及东北地区最大的港口城市，综合实力强，在2012年的中国城市竞争力报告中，大连的综合竞争力名列全国城市第十一位，东北地区第一位。尤其引人注意的是大连环境绝佳，2009年被联合国环境规划署与其支持并认可的非营利性组织"国际公园与康乐管理协会"评选为国际花园城市的最高奖，有着"东北之窗""北方明珠""浪漫之都"之称。此外，大连的工业基础雄厚，通过近几年的发展，大连已形成了比较齐全的工业门类，综合配套能力强，能够为会展的举办提供坚实的产业基础。与此同时，大连还形成了海陆空全方位的交通运输网络，四通八达的交通网络拉近了大连与周边地区的距离，提高了自己对周边地区的影响能力，还能使各地区之间资源共享变得方便快捷，为东北地区所着力打造的中国东北中心城市会展联盟的形成提供了有力的支持。这些优良的自身条件为大连会展

---

[1] 数据来源于大连市会展活动办公室。

业的发展提供了良好的基础条件。

其次，大连拥有一批设施先进的展览场馆和专业的会展公司，配套设施完善，这为会展业的发展提供了坚实的基础。经过多年的发展，大连形成和培育了一支具有一定规模的专业展览队伍，大连星海会展中心、大连国际服装展览有限公司、大连北方国际展览策划有限公司等专业会展公司已在业内享有较高声誉，具有较强的办展能力，其中还有9家已经被国家商务部授予举办国际展会资格。不仅有迄今为止国内最先进的国际会议中心——大连国际会议中心，还有大连星海会展中心、大连世界博览广场等一批设施先进配套齐全的展览场地。其中，位于大连市新开发的星海湾商务中心区北端的大连星海会展中心展馆，是一座集展览、会议、贸易、信息、餐饮娱乐等多功能于一体的豪华会堂式现代化展览场馆，具当今展馆一流水准。展馆设施及技术配置先进，服务项目齐全，不仅可为宾客提供以展览为中心的综合配套服务，还可为办展厂商提供包括总体设计、广告制作等之类的技术和劳务服务，配套服务全面周到。此外，展馆的交通条件也十分便利。全方位的配套服务、便利的交通条件以及设备一流的展览场馆为参展商留下愉悦的参展体验，从而更进一步推动大连会展业的发展。

再次，大连市政府高度重视会展业的发展，早在1996年就确立了会展业在大连经济建设和对外开放中的优势地位，并出台一系列的政策扶持以推动会展业的发展。2006年，大连市政府制定了《"十一五"期间大连市会展业发展指导目录》，根据各个展览项目规模和标准的不同，将展览项目区分为三种类型，即鼓励和扶持类展览项目、限制类展览项目、一般类展览项目。对鼓励和扶持类的展览项目和相关会议优先列入全市会展计划，展馆优先提供签订租场合同，优先提供宣传支持，优先提供展览发展基金的补贴支持。对于限制类的展览项目，不提供基金补贴和宣传支持。大连市政府通过区分这种手段以期达到促进会展业更好更快发展的目标。同年，大连又制定了《大连市展览发展资金管理暂行办法》，通过展览业发展资金的激励作用，推动全市会展行业向市场化、产业化、国际化和法制化方向发展。此外，为了扶持品牌会展的发展，大连于2007年制定了《大连市关于实行品牌展会排期保护的通知》，给予品牌展会现有专业展馆排期的优先选择权以及3年排期保护，为会展品牌的发展创造良好的条件。以上这些政策的制定和执行，为大连会展业的顺利发展提供了一个良好的平台。

最后，是夏季达沃斯后续效应的推动。2007年，世界性的盛会达沃斯来到中国，已在大连举办两届并将常驻大连，对大连的会展业发展产生了强劲的后续效应。大连所举办会展的数量迅速增多，大型的国际会议也明显增多。第五届中国—马来西亚联合商务理事会、首界建筑能源与环境国际会议、第三届全球海运峰会、第十二届亚太化工联盟大会暨化工展览会等一批规模大、档次高、影响面广的会议和展览，纷纷选择在大连举办，不仅提高了大连的国际性水平，还扩展了大连对外交流合作的领域，为大连举办国际性的展会奠定了良好的基础。

以大连国际服装节为例，进行大连会展品牌分析。

俗话说："吃在广州，玩在上海，穿在大连。"大连的国际服装节全国闻名。2013年9月14—17日，中国（大连）国际服装纺织品博览会即大连服装节在大连世界博览广场、星海会展中心隆重举行。它是由中华人民共和国商务部、中国纺织工业联合会和大连市人民政府主办，大连市对外贸易经济合作局、大连国际服装展览有限公司承办，中国国际贸易促进委员会、中国服装设计师协会、华润（集团）有限公司、辽宁省外经贸厅协办的国家级展会，是一个集经贸、文化、旅游于一体的服装盛会，极具开放性、时尚化和个性化，已成为我国规模大、层次高、影响力大、效益好的国际服装节之一。本届展会以"梦幻·时裳"为主题，以全面振兴、繁荣大连服装产业为原则，展出面积达4万平方米，集中展示了国际品牌服装、国内品牌服装、纺织品、创意产业等方面的内容，引领了最新的服装流行趋势，还推出了包括时装表演、流行趋势发布会、高峰论坛以及贸易洽谈在内的一系列精彩纷呈的主题活动，不仅吸引了国内外1000余家各类企业前来参展，还吸引了海内外时尚界、服装界人士的广泛参与，并有大量媒体参与报道，取得了良好的展会效应。

对大连国际服装节进行品牌分析，不难发现，有以下三点因素对于展会的成功举办至关重要。

(1) 展馆设备一流，为展会的成功举办提供了一个良好的硬件支持。本届大连国际服装节的举办地为大连世界博览广场和星海会展中心。两座展馆均位于大连对外开放先导区之一的星海湾区，场馆距离近，且都拥有世界一流的技术设备、高效的管理和国际水准的服务，展馆设备达到了国际一流水准，是东北亚地区举办会展的首选场地。这样的展馆可以为在此举办的大连国际服装节提供全方位周到齐全的专业服务，为打造并提升展会的品牌形象提供良好的硬件支持。

(2) 拥有政府的支持。大连国际服装节作为国家级展会，2007年被大连市政府评为大连市第一批品牌展会之一，给予在大连市现有专业展馆排期的优先选择权以及3年排期保护等特权。此外，大连国际服装节是由中华人民共和国商务部、中国纺织工业联合会和大连市人民政府主办，大连市对外贸易经济合作局、大连国际服装展览有限公司承办，中国国际贸易促进委员会、中国服装设计师协会、华润（集团）有限公司、辽宁省外经贸厅协办的国家级展会，由国家政府牵头，联合了相关行业的优势力量，强强联合，不仅提高了展会的层次和影响力，还有利于提升展会的品牌形象。

(3) 展会主办方推出了包括时装表演、流行趋势发布会、高峰论坛以及贸易洽谈在内的一系列精彩纷呈的主题活动，不仅介绍了最新的潮流趋势，还对潮流的走向进行了报告和探讨，充分体现了展会前瞻性的特点，而这已经成为品牌展会的一个特征。

第四节　城市会展品牌的构建

作为一种低投入、高产出且无污染的新兴产业，会展业已经成为推动城市经济发展的一个新亮点，得到了"城市经济发展助推器"的美称。目前，全国许多城市都已把会展业列为城市经济发展的支柱性产业，争相培育和发展自己的会展品牌。

一、城市会展品牌构建的发展方向

（一）国际化

得益于经济全球化的迅速发展，今天的世界比历史上任何时期都要开放，资本、信息、人才、资源和技术等生产要素在全球范围内得到了优化配置，实现了自由流动。会展资源也是如此，在经济全球化浪潮的推动下，会展业的资源得到优化配置。纵观世界上会展业发展比较发达的国家和地区，如德国、美国、新加坡以及国内的香港、广州、上海地区，不难发现，国际化程度高是推动这些国家和地区会展业发展的重要因素。因此，要构建城市的会展品牌并保证会展品牌长久的生命力，最首要的就是要提高会展的国际化水平，走国际化的发展道路，借鉴国外品牌会展的发展经验，推动会展品牌向国际化方向发展。以广州会展品牌为例，广州位于珠江三角洲的腹地，作为改革开放的前沿地区，在我国较早实行市场经济，对外开放的程度很高，不仅吸引了大量外资注入，还吸引了大批国外品牌会展前来办展，其会展品牌的创建目标就是朝着国际化的方向发展，力争打造广州的品牌会展，把广州建设成为亚洲主要会展城市和国际会展中心城市。

（二）信息化

伴随着经济全球化的迅速发展，现代社会进入了信息化时代，信息网络不仅对我们的生活起着越来越重要的作用，还深刻影响着我们社会各方面的发展。对于会展业来说，多媒体技术、办公自动化技术等信息化技术已经越来越广泛地运用到了当今的会展活动中，信息化不仅是会展业长远发展的必然趋势，还是衡量中国会展业是否与国际接轨的一个重要的标准。因此，城市会展品牌的构建必须朝信息化的方向发展，提高城市会展品牌的信息化程度，充分利用信息技术来对会展进行一系列的策划、组织、扩展、管理和服务活动，利用信息化手段充分开发利用会展信息资源，通过一系列的培训活动提高会展人员的信息素质，从而提高会展的竞争力。

（三）个性化

城市的会展品牌只有独具个性和特色，展示本地区的特点和优势，才能拥有较强的生命力和持久的吸引力。因此，个性化是构建城市会展品牌的一个重要发展方向，在培育城市会展品牌时，挖掘本地的优势资源，根据本地的资源条件培养相应的有品牌效应的展会，使本地区的特点和优势在会展中体现出来，从而使城市会展独具个性。如广州位于珠江三角洲地区的腹地，毗邻港澳，连接东南亚，地域特征明显，此外，广州作为改革开放的前沿地区，市场开放程度高，这些都是广州所独有的特点和优势，因此，广州市政府依托其城市的特点，确立了要将广州建设成为亚洲主要会展城市和国际会展中心城市的目标，打造出了独具个性的会展品牌——广交会，提高了广州会展品牌的竞争力。

（四）精品化

纵观世界上所有会展业发达的国家和地区，可以发现，这些国家和地区均拥有自己的会展品牌，如德国有汉诺威展会、慕尼黑展会，广州有广交会，北京有工程机械展会、印刷展会，等等，这些品牌会展给这些国家和地区带来了长久的品牌效应。因此，品牌化是城市会展品牌发展的必然趋势。享誉世界的营销大师、"全球定位之父"阿尔·里斯在《品牌22律》里说过：毁灭一个品牌的最容易的方法就是把这个品牌名称用在所有的事物上。因此，在培育品牌会展时，要注重品牌会展的精品化，使精品化成为构建城市品牌会展的一个重要发展方向，重点扶持一批层次高、影响力大的展会。以第八届北京国际印刷技术展览会为例，本届展会共吸引了来自中国内地、中国香港、中国澳门、中国台湾地区以及德国、美国、英国、法国、意大利、韩国、日本等28个国家和地区的1326家企业参展，无论从参赞商数量、展出规模还是观众人数来看，第八届北京国际印刷展都创造了国内印刷展会的历史之最，当之无愧地成为仅次于德国Drupa的世界第二大展，成为2013年度全球最具区域覆盖和行业影响的世界性印刷行业盛会，这一会展品牌已经逐渐走向了精品化。

二、城市会展品牌的培育需科学运作

城市会展品牌的培育和发展需要采用一系列的科学的手段进行运

作，主要包括以下四个方面的内容：

（一）对城市特色进行准确定位

只有在对城市的特色进行准确定位的基础上，发掘出城市的优势资源，才能据此培育出具有地域特色、独具个性和特色的会展项目，而这正是会展项目在众多会展中脱颖而出，发展成为品牌会展的关键因素。具有地域特色，才能形成会展品牌独特的定位，从而使会展品牌具有长远和持久的影响力和生命力。

（二）政府进行扶持

政府要对会展品牌的培育给予政策扶持，在政策上把会展业作为本地区经济发展的支柱性产业加以扶持，根据本地区的各项资源条件，制定相应的会展政策。可以借鉴大连市发展会展方面的成功经验，运用财政手段，设立展览发展资金，对品牌会展的发展提供展览发展基金的补贴支持，刺激其他的展会向品牌化的方向发展。

会展具有很强的产业联动性，它在带动很多其他相关产业发展的同时，也涉及很多相关的部门，如政府部门、参展商、观众、媒体等，因此，要培育城市会展品牌，需要政府出面来处理好会展业与各部门之间的关系，简化办展的手续，引进优胜劣汰的竞争机制，加大对品牌会展的宣传力度，为城市会展品牌的培养提供一个良好的平台。

（三）提升会展的品牌质量

要培育城市会展品牌必须从提升会展的品牌质量入手，而会展的品牌质量不仅包括举办会展的展馆的质量，还包括参与主办会展的人员的质量。因此，城市要加大对会展场馆建设的投入，为场馆配备先进的设备，与此同时，还要加强对会展人才的培养和引进力度，通过提供相应的政策支持和服务积极引进高级会展人才，充分利用已有的高校培养体系，加强培养会展人才的能力。双管齐下，提升会展的品牌质量，从而培育出城市会展品牌。

（四）通过营销手段提高会展的影响力

城市会展品牌的培育和发展，不仅需要前面所提到的几种手段，还需要通过一系列的营销手段来对其进行宣传，为其营造良好的舆论环境。充分利用广播、网络、新闻等各种媒体资源，对会展项目的信息进行全方位的报道和大力的宣传，从而达到推广会展品牌并提高其知名度和美誉度的目的。

第三章　会展国家品牌

在第二次世界大战之后，世界经济全球化的趋势日益明显，和平的国际环境为世界经济的发展创造了良好的外部条件，科技的进步和第三产业的迅猛发展为许多行业创造出了新的发展契机。特别是在世界贸易组织（WTO）成立后，世界各国的区域间和国家间竞争以及合作愈加频繁，国家（地区）间的行业联系与交流也愈加紧密。然而在经济全球化这样的大环境下，作为传统现代服务业的会展业也自然在20世纪末21世纪初的时间段里得到了飞跃式的发展，会展行业的形式和内容也越来越凸显世界化、区域化的特征。国际会展业也出现了一些以国家为标志的传统主导力量和新生力量。

纵然，经济全球化和区域一体化是世界经济发展的大趋势，但是对于会展行业，世界各国的发展势态却是各有不同的。由于历史、政治等原因，世界各国的会展业发展历程都不尽相同，有的国家起步早，并一直保持传统的强势地位（如德国、英国等），有的国家虽然起步较晚，但是也抓住机会迎头赶上甚至后来居上（如日本、美国等），整体发展水平世界各国参差不齐；至于会展业的运营以及管理模式，各国也各有千秋，有些国家的政府非常重视会展业，甚至不惜用财政力量大力支持其发展，成为会展活动的主要推动者，并同时利用会展业服务本国政治，有些国家的政府则放任会展业于民营企业私有，让本国会展业进入完全市场化的竞争环境；还有一点就是由于世界各国的产业结构和布局存在着差异化，这也直接导致了不同国家主流会展活动中的参展行业以及主题的参差多态。总之，这些因素都是造成目前世界会展业"多极"格局的原因。在合作中竞争，是目前大多数行业国际交流活动的表现，会展业也不例外，然而由于招商引资、经营管理等这些经济活动的标准化，其行业必须表现出国家间的区别化特征，才能显现出相对其他国家的竞争优势，从而提高本国行业的国际竞争力。对于会展业，实行品牌化战略是目前最行之有效的做法，而国际会展市场也出现了许多国家品牌。本章将结合案例主要从内容、意义、类型以及本国实际情况等方面来介绍会展国家品牌。

第一节　会展国家品牌的概念

一、什么是国家品牌

国家品牌是指在一定时期内一个国家在其他国家公民心目中的总体形象；不仅包括实物形态的"产品"，还包括非实物形态的服务、旅游、投资环境、文化传统、政府管理、居民等"软产品"。国家品牌实际上就是赢取国家名声、取得外界信任的计划，塑造国家品牌就是提取本国的优良特性，把这种特性转化为一种为世人所认可的固化形象，从而成为国家形象宣传的一张名片。

国家品牌的价值属性主要体现在政治、经济、文化这三个方面：政治上，一个国家的国际形象是该国国际政治地位的主要体现，而某个行业的国家品牌无疑会对该国的国际形象有一定影响。比如美国的以电影产业为主题的许多知名会展活动（比如圣丹斯电影节、奥斯卡颁奖晚会等）都促成了美国国家品牌中追求自由、乐于冒险等轻松的品牌形象，这种品牌形象的树立对于美国的国际政治活动中都有非常明显的促进作用。所以说一国的国家品牌形象对于实现该国在政治上的目标地位意义十分重大，也是实现该国政治目的的一种重要手段。

经济上，某一优势产业或具体行业良好的国家品牌对于该行业的发展甚至其他行业的发展有着十分明显的促进作用，消费者对于该国某产品的主观印象直接决定了对该国该产品的需求量，极大地影响着该产品所属行业或产业的经济效益，比如德国的汽车早在19世纪末就奠定了世界市场的优势地位，其优秀的设计和良好的质量树立了德国产品严谨、高品质的国家品牌形象，其品牌价值也不断衍生到其他的行业领域，比如相机制造、光学仪器、化工设备等。德国产品已经成为好质量的代名词，其工业产品即使高价也供不应求，源源不断的产品利润也让一些德国的工业企业不断发展壮大，使德国的工业水平一直处于世界领先地位，同时也不断地巩固了其国家品牌的价值。

文化上，品牌本身就是一种主观产生的文化层面的概念，而一国某些行业的国家品牌也是多产生于该国特色的文化环境之中，反映出该国的人文风俗以及民族性格，而刻意树立一些与民族气质与文化相符的国家品牌则有助于将该国的文化向世界推广。比如法国发达的服装设计业和香水制造业让法国出产的时装和香水享誉全球，巴黎时装周（会展产品）更是人尽皆知，法国红酒以及大餐更是吸引了大量游客前往本地旅游消费。法国则在某种意义上成为奢侈品和高档的物质享受的代名词，其塑造出的国家品牌就很好地表现出了高卢人追求高档的生活品质、拥有较高品位的民族文化形象，这种文化形象也随着法国的国家品牌深深烙刻于世人的印象之中。

综合来讲，一国某些产品、行业或者产业的品牌形象会通过在国际政治形象的塑造、产业经济的品牌附加价值贡献、本国本民族的文化推广这三个方面来实现其价值属性。所以将国家品牌价值属性的三个方面应用到会展行业也一样，即一国会展业的国家会展品牌将会通过其会展产品从政治、经济、文化三个方面提高产品价值、行业价值，甚至国家形象价值。

二、什么是会展国家品牌

（一）会展国家品牌概念

会展国家品牌是指一国（或地区）会展行业在产生和发展过程中所逐渐形成，并能使本国会展产品在行业的国际合作与竞争中区别于其他国家（或地区）的会展产品的一般性特征（比如民俗礼仪文化、行业准则与规范、管理与组织形式、优势会展内容等因素）的总和，并能为本国会展产品提高品牌附加值以及给本国整体会展行业的发展带来一定效益的一种价值体现。关于会展国家品牌的概念，有必要针对以下三点做重点阐述。

首先,会展的国家品牌必须有国家(或地区)概念,国家是当今最主流社会的组织形式,国家的意志自然代表在该区域生活的人们的意志和价值取向,所以会展国家品牌的概念也体现了其品牌特色必须由该国行业从业者和消费者的观念独立形成和发展,同时带有其国家所属的政治色彩和文化色彩,所以不同国家(或地区)的品牌特色是不尽相同的。

其次,品牌的价值必须由产品所承载并体现出来,会展业由于属于现代的第三产业服务业,其产品相对传统商品具有即时发生性和无形性等特点,所以在比较不同国家品牌的具体品牌特色时,并不好直接进行标准化的因素比较,只能从行业宏观上的一般特征分析得出对于该国会展品牌的总体印象,由于需要通过多方面、多跨度的因素进行比较分析,所以关于一国的会展国家品牌的描述是比较抽象的。

最后,品牌这个概念在经济学中是一种抽象的价值表现形式,是品牌所有者的一种无形资产,品牌的价值量集中表现在消费者对载体产品的印象和认知程度,所以品牌这种价值由内部客观形成,却由外部主观表现。对于会展业的国家品牌也自然符合这些关于品牌的一般性特征,也就是说一国的会展国家品牌是否具有价值是该国会展业在国际竞争中的成绩优良与否的体现,而良好的会展国家品牌所产生的高附加值也能使该国会展业在未来获得更好的发展和效益,所以树立会展国家品牌,实现品牌战略将会把行业带入一种良性循环的模式,即优秀的市场反应(消费者印象)决定优良的品牌价值,而优良的品牌价值则带来更多的消费者。

(二)会展国家品牌构成要素

品牌的构成主要有三要素,即基础要素(核心要素)、辅助要素(支持要素)以及隐形要素(主观精神层面要素)。对应到分析会展国家品牌的结构分别为会展的内容,会展业和会展活动的组织形式,以及该国会展产品的风格这些要素,前两者是品牌的物质属性,而后者则是品牌的精神属性。即在会展的内容和形式由会展业的从业主体实实在在地创造出来,而会展的国家风格则是由会展活动的受众主观感受并使品牌的价值形成并体现于其印象和口碑之中。

1. 会展内容

内容是构成会展国家品牌的基础要素也是核心要素。所谓内容即会展活动主题的专业化方向（也包括综合类的会展），从目前现状来看，会展经济在全球范围的发展方兴未艾，世界各国都十分注重本国会展内容的专业化和品牌化，许多国家的国际知名展会，比如德国的汉诺威展览、法兰克福展和意大利的米兰展览等，都在其专业领域形成了一种强大的品牌号召力，一个国家品牌的内容可以有很多种甚至包罗万象（比如19世纪的英国），这些会展内容能代表这些参展行业的发展动态，反映这些行业未来的发展趋势，对行业有很深远的指导意义并具有较强影响力。所以注重会展业的内容实际上就是重视一个产品的质量，对于品牌的塑造是有基础意义和核心意义的。对于一国会展内容的扩展性主要有横向和纵向这两个维度，横向是指会展内容涉及行业的宽广程度，而纵向则是指会展内容涉及某一行业的深度。若一国会展业的内容横向发展程度较高则说明该国会展的综合力较强，也就是主打综合类会展的多面手的品牌形象；而若一国会展业内容的纵向发展程度较高则体现该国会展业对某一内容的专业程度很强，其品牌则表现为善于举办专业型主题会展（例如，机械制造、科技产业、体育赛事）。而世界上也不乏在会展业内容的横向和纵向发展水平都高度发达的国家品牌，比如德国、日本等，这些国家会展业内容的丰富和高品质就决定了其会展国家品牌具有其他国家无法企及的高价值。

2. 会展形式

会展的形式包括了很多方面，比如会展产品（展览活动）的定位、管理与组织、规模范围、盈利方式、公关宣传等。这些方面是构成品牌的支持要素，服务于会展的核心内容，有着辅助支持作用。这并不意味着这些要素不重要，相反，其中每个细节形式都对其会展国家品牌的价值有着十分重大的影响作用。就拿宣传这个环节来说，很多会展在做品牌宣传时，传播对象弥散化，传播手段单一化，对受众没有进行分析，只是选择大媒体发布了事。我国会展业就明显存在这样的问题，这种没有价值的宣传形式严重损害了品牌构建的性价比，导致很多形式都成了没有实质意义的无用功。所以，会展各环节形式对其整体品牌质量的意义十分重大，当然，会展的形式也并非标准化，对于不同的国家，由于思维观念、政治文化等方面的不同，也存在着差异性，利用这些差异性，完全可以打造出属于本国特有的形式特色，从而为该国品牌增值。其决定会展活动形式的四个关键点在于：(1) 会展规模，会展的规模越大，其宣传效果和影响力也就越大，越容易形成品牌特色；(2) 专业化的服务水平和质量，即一国会展业以其行业统一的高质量标准打造出一批以客户需求为核心，提供一系列优质、高效、人性化的会展服务产品来提升该国会展业的知名度和美誉度；(3) 多维度的组织形式和参与主体，一国会展业如果能够获得该国政府部门、权威机构、行业协会、知名企业等一些掌握国家资源的单位大力支持，其组织形式的复杂多变则能让其会展产品的影响力大大提高。(4) 公关和宣传，任何一个无论大小的会展的推广、营销、宣传都离不开专业媒体和大众的推介、支持与合作，与本国以及外国媒体保持良好的伙伴关系也不失为打造国家品牌的良策。

3. 会展风格

一个国家会展的风格是其会展国家品牌的直接表现，一个国家的会展业给人什么样的主观印象，有哪些吸引人的地方，这些要素的总和共同构成了该国会展业的风格特色，这种特色由会展行业主体不自觉地客观形成，而被会展活动受众主观感受到而最终表现出来，而会展风格特色又是品牌的构成中一个重要的主观要素，所以最终品牌的价值量也直接反映于受众的主观印象和口碑之中。一个国家举办会展活动的风格特色，和这个国家的政治、文化、经济等多方面密切相关：政治上主要体现在政府主导的会展活动中，该国政治体制结构对会展活动风格的影响；文化层面可以说是对会展风格的影响是最大的，因为一国的民族气质、民风民俗都会在这种大型的交流性活动中体现出来，比如一些特殊的利益习惯在展会中都可以直接表现成为该国的形象特色，比如法国的吻面礼让世人感到高卢人如火的热情，日本的鞠躬文化让人感受到大和民族谦虚的姿态，中东国家的裹素装扮则让世人感受到这些国家对宗教的虔诚……这些都可以作为形成本国会展风格的素材；由于世界各国经济发展水平不齐，贫富差距也较大，这就造成会展行业的一种马太效应，即强国越强，弱国越弱。但是随着目前会展经济的深度发展，一些发达国家开始热衷于举办一些公益性会展，旨在创造社会价值效益，这就给发展中国家腾出了市场空间发展本国的营利性会展（如展销会），这些经济上的因素某种意义上决定了会展活动的性质，也对一国会展业风格形成有一定的关联。

结合品牌的内涵和构成要素，会展国家品牌即能使一国会展与其他国家会展相互区别的某种特定标志，其价值主要体现在品牌所有国的政治、文化、经济等层面。会展国家品牌的构成要素有内容、形式与风格三个要素。

(三) 会展国家品牌与国家品牌会展的联系与区别

在前文的论述中，有两个概念容易混淆，即会展国家品牌和国家品牌会展。所谓会展国家品牌的概念在前文已做详尽的阐述，在这里需要强调的是这个概念相对于一个具体的品牌会展的宽泛性和抽象性。几乎每个国家的会展业都有一些杰出的代表性会展活动并在国际上具有一定的声誉和口碑，而这种广为人知的知名度就形成了品牌效应，从而更加强化其特性并吸引更多的人去关注它们，这样的一些活动都可以称为一国的品牌会展。比如在发达国家中有德国的法兰克福书展、汉诺威工业展，美国的底特律汽车展、拉斯维加斯国际美容美发展，法国的巴黎航空航天展，意大利的米兰时装展，西班牙的斗牛节，等等，发展中国家则有巴西的国际五金工具展览会，我国的广交会、博鳌亚洲论坛，等等。这些会展活动既可以是展览、展销活动，也可以是会议活动、节式活动。其形式不受限制，凡是能满足构成品牌概念的要素并广为人知都可以说是其所属国的品牌会展。从上述的例子中可以得知一个国家的品牌会展具有以下特征：

首先，不同于世博会、奥运会等国际性活动形式，其会展活动为本国所特有，起源于该国并发展于该国，举办形式具有时间上的规律性和地点上的固定性。这就有利于会展活动在一个稳定的环境中发展自身，如同阵地作战一样稳扎稳打，步步为营，最终将会展活动的品牌做大做强，同时由于会展的国家属性，会让其品牌价值带来的效益为举办国家或地区所享。

其次，这些品牌会展往往和某一主题和某一行业有极大的相关性，即会展内容的专业性较强，且往往代表该国或该国某一地区的优势产业或文化特色。这是因为在某一专业领域中最容易将本国或者地区特色做到最大化，在国际市场竞争中更能发挥差异化的竞争优势，从而利用已经形成的品牌效应继续扩展其品牌价值。

最后，这些国家品牌会展面向的受众群体往往是国际参展者而不局限于本国人民，而会展商也非完全由本国会展公司经营，一般会有外国会展公司或者跨国会展公司进行某些项目的分包与合作，整体的人员、物质的国际流动性较强。这就说明一个会展活动一旦发展成为一个品牌会展，其必然开始具备国际属性，各个方面的国际化程度都将大大提高，并代表本国参与到同类会展产品的国际市场竞争。

当然，这些特征虽然具有普遍性但是不具有绝对性，也有一些国家的品牌会展不符合以上某些特征。比如目前的法兰克福展会就因为该地区会展业的高度发达，已经由最初的专业性会展发展成为可以媲美世博会那样涵盖行业门类甚多的大型综合性会展活动了。

虽然关于会展国家品牌和国家品牌会展在内容含义上存在着差异，但是二者却是紧密联系的。首先，一个国家的所有品牌会展都是该国会展业整体国家形象的体现，是国家品牌构成的必然要素之一。一国的会展业水平和特色很大程度上体现在本国是否具有国际知名的品牌会展以及那些会展的品牌价值。所以，一个会展国家品牌的形成和本国本土会展品牌发展程度密切相关，而国家品牌的价值并不主要通过这些具有行业、区域局限性的品牌会展表现出来，最能表现出会展国家品牌形象的是一些大型的国际会展活动以及综合展会，比如奥运会、世博会等。在一国举办国际性大型会展活动时将会利用本土品牌会展活动的发展经验并融合其各种特色，整体地表现该国举办会展活动的综合能力和会展业行业风貌。其次，会展国家品牌的成功也会滋生出更多的国内品牌会展，并让一些现有的品牌会展再套上一层本国品牌的光环，提高其品牌价值，加强国际竞争力。比如1964年在美国举办的纽约世博会，吸引了美国本土50多家企业参加，使这届世博会几乎成了一个企业秀场，许多展出场馆、内容等设计都复刻了美国一些行业的经典展览模式，其中最突出的就是通用公司的"明日世界"展览在这次世博会上再次大放异彩，受到世界各国观众的广泛喜爱。观众在这项约480米长的会展中坐在转椅上，看到眼前各幅画面的变换，通过讲解了解到人类不断通过努力发掘自然造福人类的潜力，并能身临其境地感受科技引领的未来生活，世博会期间约有2600万人次的观众到通用馆参观。虽然这次世博会因为其商业性盖过了国际性而招致了国际展览局（BIE）的不满，但是却非常好地将美国会展业的形象风貌展现给世界，并启发了大大小小的美国企业意识到对其国内会展业的广泛参与的价值，推动了美国会展业以及整体经济的发展。

第二节　会展国家品牌的作用

　　一个国家的会展品牌具有价值属性，一个会展国家品牌形成的过程和结果对于一些方面都是具有价值作用的。正如同当今企业重视品牌战略一样，好的企业品牌对于企业的企业文化、企业形象、产品销量等多个方面的多个要素都有非常关键的作用，而只有弄清楚这些作用的价值如何体现，企业才会去根据自身需求打造属于自己的品牌。一个企业的品牌如此，而一国的整个行业的品牌更是如此，与之不同却更甚的是，将品牌概念放在一个国家整个行业如此大的范畴，关于其作用的分析就不像企业的品牌作用那么简单。企业的品牌作用虽然多但是却在同一个层面上，即经营管理层面，换言之，品牌对企业的所有作用可以用一个最终目的来概括，那就是提高经营效益。而会展国家品牌则不同，国家是一个非常复杂的综合体，分析一国会展品牌的作用就不能仅仅从经济角度或者单纯的行业层面来考虑，而要从国家、社会中的多个维度中寻找角度进行作用分析。

　　第一个维度是从国家的内部和外部来分析会展国家品牌的作用，即会展国家品牌对国内和对国际的作用。在这里，无论是对国内还是对国际的角度，本书都是放在行业的话题来谈。其对国内行业的作用主要体现在两个方面：首先，形成并完善会展国家品牌对于国内会展行业的发展来说是一个互相促进的过程，即一个良好的会展品牌就意味着会展产品必须符合高标准、高质量，这对整个行业的激励作用是非常明显的，同时，会展行业中各个从业主体都会利用国家品牌的优势加强自身市场竞争力，而激烈的市场竞争导致的优胜劣汰会让行业内部结构不断优化，最终有利于全国行业实力的提升，而形成更加完善的品牌效应；其次，富有特色的会展品牌形象有利于本国会展商和会展产品在世界会展行业平台上区别于他国的会展商和会展产品，从而提高本国会展行业的国际竞争力。而会展国家品牌的塑造也绝非仅使本国受益，各国会展品牌的多样性对于世界会展业也是意义重大的。罗素说过，"参差多态乃幸福之源"，这句话放在世界会展市场也一样有效，对于消费者来说，具有更大产品差别性的市场意味着更大的选择性，绝对好过一个单调的市场。所以，各国形成自身的国家品牌，让本国的会展产品打上具有本国特色的烙印，对于市场的多样性和多态性来说是大有裨益的，一方面有利于会展受众群体，另一方面也有利于国际会展行业的健康发展。但是需要强调的是，国际市场的品牌的多态必须是高水平以及相近水平的多态，如果各国会展品牌的质量差距很大就是一种"多极"的局面，正如同现在世界会展市场的状态，大部分市场份额都被几个会展强国占据。所以，这对于会展业欠发达国家的启示意义就在于必须实行本国会展品牌化战略，利用品牌效应参与国际竞争，缩小与会展发达国家的差距，最终创造出一个多样多态，而非"多极"的国际会展产业格局。

　　第二个维度则是从政治、经济、文化这三个抽象的方面分析作用，这是一种传统的重要分析方法。在前文关于会展国家品牌的价值属性中，就已经初步地论述了品牌在这三个方面的价值，而在此谈论的作用则是在价值的基础上更为详细地探讨一个良好的会展国家品牌对国家政治、市场经济、社会文化这三个层面的实践意义。我们都知道，宣传对于政治的意义非常重要，会展业作为现代服务业，具有传播效应以及大量的受众，所以会展业完全可以作为政治宣传的一种重要工具，而具有国家品牌的会展在面向国际受众群体时更是如同一国之口舌，具有非常明显的代言作用，比如1915年在旧金山举办的巴拿马太平洋世界博览会，刚成立不久的中华民国政府就对此次世博会的举办给予了高度重视，希望通过世博会这样大规模的国际交流场合树立刚刚成立的国家形象，美国方面甚至在中国代表团到来当天举行了盛大的开幕式和欢迎仪式，并将当天命名为中华日，而中国在那次会展上除了展示茶叶、丝绸等传统的商品外，还重点展示了铁路和教育展品，在借助传统国家特色的同时，向世界发出了新成立的中华民国百废待兴的政治声音。而在经济层面上，会展国家品牌的作用则是最大的，商业会展是连接买家与卖家的桥梁，一个富有国家品牌特色的商业会展能吸引到来自世界各地对该国某些方面感兴趣的受众到本国消费和投资，促进该国经济的发展，这一点对于一些科学技术的推广作用尤为明显。20世纪60年代初，卫星、火箭、太空探索成为时代的关键词，在苏联把宇航员送上太空后，美国总统更是宣布了要把人类送上月球的计划……在当时，没有什么比神奇、浩瀚的宇宙更能成为展览的热点，于是，美国在那个时期由政府主导了许多关于航空航天技术的展览，吸引了无数国内外资金，人才源源不断地流向航天科技产业，美国最终也实现了登月计划，自此之后，航天产业一直保持着美国经济的支柱地位并领先于世界，这很大层面上与国家品牌会展的推动作用有关，美国也自此开始打造以科技为核心的会展国家品牌，这种品牌的形成让大量的资金和人才流向美国，美国又通过其会展活动将其科技推销给世界，计算机、互联网、电影技术等多个产业的兴起都得益于此。一个国家或民族的文化可以说是其国家品牌的构成基础，但是会展国家品牌对于文化的反作用也是不容忽视的：会展不仅是展示科学进步与技术创新的重要平台，也是不同民族与文化互相接触、沟通、交流的重要场所，文化的展示不限于一种物品或是一场表演，要达到管中窥豹的效果，一个包罗万象的国家品牌才能在会展活动中效果良好地传播本国文化，比如1889年巴黎世博会上来自印度尼西亚的加麦兰音乐（一种温柔动听的音乐）让人在热闹纷杂的环境中感受东南亚文化的沉静；1992年西班牙塞维利亚展会上英国展馆代表了时代精神，利用高精尖的技术水平告诉世人英国人开拓进取的民族精神；2010年上海世博会期间，新西兰原住民所表演的毛利舞"Kapa Haka"

让参观者在原始的自然风景中欣赏着异域风情的原始舞蹈，体会新西兰的文化特色；法国和意大利每年举行的春秋两季巴黎时装周和米兰时装周，让参观者在体会时尚的同时也领略到这两个国家不俗的审美品位。由此可见，通过会展可以表现出一个国家的文化内涵，而一旦形成世人所熟知的会展国家品牌，就能更好地利用品牌效应发展和宣扬本国文化特色。

　　第三个维度将观察会展国家品牌作用的视角放在政府、企业和民众这三个层面上。由于从社会的角度看，构成会展活动的正是政府、企业、民众这三个主体，它们在会展活动中各自扮演了不同的角色，所以说，一国会展业的国家品牌与这三个层面的主体是密切相关的。

　　首先，政府作为国家的管理者、人民的服务者，对任何行业有着监管作用和一定的推动、扶持作用，同时，各行各业创造出的财富主要通过税收的形式上缴以维持政府的日常开支。对于一国行业整体会展品牌的塑造工程，政府很有可能是主导力量（在历史阶段不自觉形成品牌的国家除外），这是因为一旦形成会展国家品牌，政府不仅能从会展行业创造出的大量税收贡献中获益，更能通过本国会展活动满足一些政治上的需求（以宣传为主），这一点在前文关于对政治方面作用的论述中就已提到。北京奥运会上中国大放异彩的奥运品牌特色就让中国政府的活动组织能力在国际和国内社会中饱受赞誉。

　　其次，企业作为会展活动最主要的参与者，国家品牌对它们的价值也是十分大的。一般商业会展活动的举办商和参展商都是以企业为单位而组织的，国家品牌上有鲜明特色的会展行业能体现一国在某些方面的竞争优势，而对于与这些优势相关的企业来说，其飞越发展的机会也是非常大的，比如发生在美国20世纪80—90年代的信息产业革命，让美国在计算机和互联网这两个产业上与世界其他国家相比有着非常大的优势，于是在这个时期，美国的一般商业会展都与这些密切相关，在硅谷隔三差五就会举行新技术的展销会，在斯坦福大学的校园几乎每天都有新技术的小型展示会，正是在这样主题明显的会展活动的强势推动下，美国信息产业中的一些企业飞速成长，最终走向世界。如果说一国会展业国家的整体品牌或是整体品牌下的一些小品牌正在形成的过程是一次潮流，那么，对于与这种潮流相关行业的企业都可能抓住契机，通过会展品牌的传播效应进入飞速发展的轨道。

最后，会展国家品牌对于普通民众也是有作用的，但是这种作用主要体现在一些公益会展和面向社会的展销会上。国家品牌如果能深入民心，将鼓舞更多的普通民众积极参与会展活动，提高认知水平，最终将促进国民素质的提升；而一些带有国家品牌烙印的商业性质的展销会能在为民众提供购物便利和优惠的同时，让其更好地认知本国产品，而在消费行为中支持国货。一个会展业发达的国家随处可见热闹的会展活动，这也是本国民众喜闻乐见的。

所以从这三个维度来分析，不难发现，一国会展行业的国家品牌对于各个方面都是有积极意义和作用的。但是如果具体问题具体分析，不同主题内容、不同组织形式的会展带来的作用和效果都是不同的。面向国内受众的会展其主要作用就在于国内，参与国际行业竞争的会展相比就更凸显其在国外的作用；一般的大型综合会展绝大部分都是政府由主导，这就说明这种会展的政治意义更大，对政府的作用更明显；商业会展（包括展销会、新技术推广会等）一般都是由企业和消费者（包括个人和企业）主导和参与，这种会展作为商业之间的活动，主要凸显经济价值，对企业的作用最为明显；而一些文艺会展、节事活动（如运动会、电影节）等活动带有一定的公益性，其文化传播价值最大，最有益于社会和民众受益……这样的例子不胜枚举，一个国家整体的会展品牌一旦形成后带来的品牌效益将附加于这些大大小小的会展活动所涉及的各个层面中，其作用意义就通过放大会展业本身的作用意义表现出来，比如我国的青岛啤酒节。

第一届青岛啤酒节举办于1991年，历经多年的不断发展，青岛啤酒节已经从当年只有30万市民参加的地方性节事活动发展成今天超过300万国内外游客参加的国际知名、国内一流的东方啤酒盛会，并成了我国会展业中最有代表性的本土节事活动，目前啤酒节已经成为青岛市的"市民节""狂欢节"。作为青岛市甚至我国最重要的旅游资源和提升国家会展活动整体经营水平的重要品牌，青岛啤酒节对扩大青岛市对外开放，增强综合竞争力，推动经济和社会全面发展起到了非常巨大的作用。青岛啤酒节是典型的政府主导模式，但是近年来，由于市场化的发展，越来越多的民营企业也参与到了啤酒节的组织运营，缓解了政府的财政压力，将啤酒节进一步发展壮大。市场化、产业化、品牌化的运作模式让青岛啤酒节从全国各地林林总总的节事活动中脱颖而出，成为享誉海内外的重大文化和经济节日。这样一个如此成功的品牌案例作用价值完全符合前文论述的几个方面，作为这样一种节事活动的行业标杆，青岛啤酒节的成功对于国内行业的楷模作用和激励作用自然无须赘言，而在青岛啤酒节走向世界后，越来越多的国际啤酒爱好者以及供应商、进货商都会聚青岛，将国际的产品带进来，将国内的产品带出去，在促进产品流通国际化的同时，也加强了这个主题的会展的国际多样性；青岛市政府作为啤酒节的发起者和主导者，利用其品牌效益的成功也将青岛市的会展品牌打向全国和世界，向外界展现青岛市的形象风貌，吸引海内外投资，这其中的经济意义和政治宣传意义是十分大的，同时，其带动旅游、交通等相关行业的发展更加凸显了其经济意义，而啤酒节对于青岛本地以及外地的啤酒爱好者来说无疑是一大乐事，大家在活动中喝酒狂欢，其乐融融。青岛啤酒节的三个参与主体都能从啤酒节的成功中获益，政府和啤酒产业公司共同参与啤酒节的建设和运营，双方可以形成互利的长期关系，更好地为社会公众服务，让参加啤酒节的顾客可以得到更好的服务，政府能从门票和税收中收回成本并达到政治宣传目的，企业则能在会展中拓宽品牌销路、提高生产利润。作为全国会展业的成功案例和发展本国会展品牌战略的实践，青岛国际啤酒节将成为享誉中外的重大节事活动，并作为青岛市和我国会展业的一张亮丽名片，进一步提升青岛市在世界上的美誉度，同时，提高我国会展业在国际上的竞争力和影响力，为我国经济、社会发展继续做出重大贡献。

第三节　世界著名会展国家品牌

在世界范围的会展业中，品牌效应是一个国家会展业或者该国会展从业者最可贵的财富，没有品牌就意味着没有特色，而在各种会展活动中，世博会是最容易形成国家的品牌效应的，例如云南的知名国企"红塔山"这个品牌的形成用了三十多年时间，而在1999年昆明举办的世界园艺博览会，中国的第一个"世博品牌"的形成只用了两年时间，而2010年的上海世博会更是让中国会展业的影响力辐射到世界市场，对于中国会展品牌的开始形成有着十分重大的意义。所以，本节将重点结合历史上的一些世博会的经典案例，同时辅以一些国家著名的品牌会展，综合探讨世界上一些会展强国及其会展国家品牌的内容以及发展历程对我国的借鉴意义。

一、德国：世界会展王国

德国的会展业可以说在全球范围内是当之无愧的龙头老大，在世界上有"会展王国"的美誉。会展在德国可以说是和汽车、机械、化工等王牌产业平起平坐的支柱产业，可见德国对会展业的重视以及其会展业的高度发达。

（一）德国会展业概况

德国会展业综合指标全球第一，其会展产品的数量和质量在国际会展业界均排行第一。2010年世界商展百强，德国入选58个，展出面积1145.1万平方米，总面积占62.7%，规模高出作为世界第二大经济体、制造业产出和国际贸易第一大国的我国6倍，其余8个百强商展大国展出面积的总和不到它的60%，在国际会展业界拥有绝对优势，堪称世界会展第一强国。德国每年要举办大约150个各种类别、不同规模的国际性商贸展会，接待16万至17万参展商和900万至1000万观众。世界制造业领域大约2/3的龙头展会在德国举行。德国国内的展览场馆展能也是世界最强。德国共有22个展览场馆，室内展览面积达270万平方米，可供国内外商展使用。其中，室内展览面积超过10万平方米的特大型展览场馆10个，超过5万平方米的大型展览场馆6个，其余6个共有5万平方米。全球展览场馆50强，德国拥有面积占50个国家面积总和近30%，比位居第二、第三的意大利和美国的总和还多；最具竞争力的十大场馆，4个为德国所有，占总面积近50%，其余6个为意大利、俄罗斯、法国、西班牙、美国和中国。世界五大展览中心有 3 个在德国。就展能实力而言，德国总体上呈现数量多、面积大、实力强的特征。

德国会展组织企业的实力也非常雄厚。调查显示，德国约有 100 家会展公司，每年举办国际性商展 200 多个，展出面积 1000 万平方米左右，年营业额为 25 亿欧元至 27 亿欧元，2008 年一度达到 29 亿欧元，拉动社会综合消费约 250 亿美元。2009 年全球组展商 24 强，按国别排序，德国第一，营业额 16.37 亿欧元，占 29.7%。其中，在营业额排名世界前 10 位的会展公司中，有 5 家属于德国。

除了基础设施，在教育方面，德国的会展教育已经享誉全球，为德国会展业的发展培养了大批专业人才，并基本形成了产、学、教互动的良好机制。许多大专院校都在经济系内开设了与展览会相关的专业，如科隆大学、莱比锡大学、美茵兹大学、汉诺威大学、帕索大学等。它们的研究方向主要集中在展览会的营销功能、策划、与其他媒介的综合利用、发展史等方面。办学力量集中化、专业教育定制化、课程设置模块化、实习活动主题化业是德国会展教育的特色。

而德国会展业的政府与行业协会主导的运营模式也极具特色，非常值得借鉴和参考。德国最大的展览公司——德国博览会集团公司就是一家由政府占绝大部分股权的企业，并且政府将其盈利全部用于再投资，以帮助会展业迅速发展。除了政府的主导作用外，德国设有会展行业管理机构——权威的行业协会，对整个会展业进行管理。德国国家级的展览管理机构——德国展览业协会（AUMA），其总部设在柏林，代表参展商、参观者和展览会组织者三方利益，具有很强的协调、监督和管理作用，其职责具有唯一性、全国性、权威性的特点。为了维持展览会市场的有序竞争，AUMA 对展览会的类别、展期、地点等方面都进行了协调，从而保证了参展商、参观者和展览会组织者的良好合作。为了确保德国博览会的透明化，AUMA 制定了很多规章制度，并根据目前会展的数量、质量、技术手段、目的、要求进行调整和改进。在 AUMA 的统一协调下，德国各博览会的目标非常明确，展会重复现象极少。AUMA 同时还是政府和展览业之间沟通的桥梁，如 AU-MA 请人在世界各地展会进行考察，并写成报告，为德国政府赞助本国企业出国参展提供了良好的建议和非常重要的参考作用。AUMA 管辖下的另一重要的管理机构——博览会和展览会数据资源审核公司，由独立的核查人员对该机构举办的展览会进行参展人数、参展面积等数据的审查，并对审查结果发布年度报告。此外，诸如博览会和展览会专业联合会、展览会承建专业协会等也是重要的展览会管理机构。这些行业协会除了对会展进行管理外，本身也是知名会展的主办者。作为德国会展行业的核心组织，AUMA 在联邦经济与技术部和消费者保护部、营养与农业部的协助下，为德国官方参与和支持海外展会构筑渠道，其会员单位包括德国最有实力的工商企业，各行业领域的参展商、采购商和展会搭建商，以及组展企业。AUMA 融汇了政府与企业各界的力量，代表德国公众和参展商、采购商、组展商以及会展服务提供商的共同利益。在会展业产业链上，AUMA 发挥着为不同参与角色利益均衡的作用。

（二）德国品牌展会众多

德国具有许多国际一流的品牌展会，特别是德国城市在构建国际会展中心城市过程中非常重视打造国际大型的品牌展会，它们在打造大型国际品牌展会的时候，非常重视与城市产业的结合。

1. 法兰克福书展（FBF）

法兰克福书展是世界上规模最大的国际图书博览会之一，被誉为"世界出版人的奥运会"。法兰克福书展自1949年开始，每年10月于德国举行。1964年后，由德国书业协会成立的法兰克福图书博览公司负责办理法兰克福书展。而比较有特色的是自1976年起，法兰克福书展开始使用成主宾国制度，每年邀请不同国家担任主宾国，以推销该国的图书文化，这也大大提高了展会的国际化程度，中国曾在2009年担任主宾国，当年书展的创意主题是"让世界品味中国书香，让中国领略世界风采"。在那次书展中，中国图书版权贸易输出高达2417项。

2. 汉诺威工业博览会（HANNOVER MESSE）

每年在德国北部城市汉诺威的汉诺威展览中心举行，汉诺威是工业高度发达的城市，尤其是制造业最为突出。汉诺威工业博览会开始于第二次世界大战后的1947年，第一次博览会举办于汉诺威南部的一座未被战争摧毁的工厂内，而历经半个多世纪的发展，汉诺威工业博览会目前已发展成为世界上规模最大的工业技术博览会。通常，该展会都拥有约 6000 个参展商及约 20 万个以上的参观者。作为当今世界上规模最大的国际工业盛会，汉诺威工业博览会被认为是架构于全世界技术领域和商业领域的重要桥梁。而近年来，越来越多的亚洲、美洲及非洲的国家不远万里前来洽谈，不仅使博览会成为一个真正的全球性的盛会，也让德国的汉诺威发展成为世界著名的展览会之城。

3. 科隆国际五金工具展览会

德国科隆国际五金工具展览会是目前世界上规模最大、影响力最深的五金产品专业展览会，从 2004 年起，改为每两年举办一届。展会由"世界工具中心""安全技术和小五金领域""建筑和家用手工用品"三大展区组成。每年都会有来自全球 100 多个国家和地区的数万名专业观众到场参加展览并采购。与一般展会不同的是该展览会只对贸易观众开放，组织者利用《应用天地博览会》及科隆国际展览有限公司历年来在欧洲 30 多个国家以及北美地区广泛的专业观众数据库来组织和邀请参观者，使得这一展会成为非常有针对性的 B2B 贸易平台。

4. 柏林国际旅游博览会（ITB）

柏林国际旅游博览会创办于 1966 年。目前，它不仅已成为世界上规模最大的旅游博览会，也被业内人士视为国际旅游业发展状况的晴雨表。每年在德国柏林展览中心召开，ITB 堪称整个旅游行业的黄金市场，拥有来自 180 多个国家和地区的 1 万多家参展商，是旅游业的驱动力。其展览面积和各个环节以及全面的会议服务及支撑项目代表着旅游业的全部产品。同时，产品本身也构建了新的旅游发展理念、全球方法及营销对象。ITB 吸引着具有决策权的高级专业人士，并且参展商和参观人数每年都在稳步增长。

ITB 以引导当地旅游风潮而闻名，展会主题主要包括以下五个部分：旅游业前景、酒店、航空、目的地和企业责任，在近些年来还推出了文化旅游、商务旅游、旅游科技等议题。

5. 汉诺威世博会

2000年汉诺威世博会是21世纪第一届世博会，也是20世纪最后一届世博会，2000年对于德国来说，是第二次世界大战战败的55周年，也是柏林墙被推倒的第11年，德国有史以来第一次举办这种国际性的综合博览会，这一次世博会对于德国人来说是一次证明自己的绝好机会。德国人痛苦地知道自己的名声，他们因为两次发动世界大战被称为"20世纪的坏小子"，而德国人特别渴望通过举办一届世博会来展示本国超强的会展实力，向世界呈现一个完全不同的国家形象：思想开放，文明教养，积极向上。这届世博会的主题是"人、自然、技术：展示一个全新的世界"，我们现在说的"可持续发展原则"就是德国最早在这次世博会上提出的，也被称为"汉诺威原则"，德国这种建立一个科技与自然和谐共存且为人类服务的世界的观念是非常符合时代发展精神的，科技把人与自然联系在一起，人类利用科技改变自然，而自然通过科技回报人类。在汉诺威世博会上，被称为"世界项目"（Projects Round the World）的计划在全球范围内征集可持续发展的创意，在精细筛选之后，通过主题展馆、各国或国际组织的展馆中展出，在展出的487个项目中有300多项来自发展中国家或改革国家，项目的范围很广，从保护非洲国家马里的图瓦雷克人的和平到喜马拉雅山区的水力发电项目再到菲律宾群岛的太阳能项目等，无不与可持续发展紧密相关。而这次世博会又一个"新生事物"则是"全球对话"，围绕与世博会主题相关的各个议题，举办了10场高层次的对话，多达4500人参与了活动，其中不乏各国政要和专家学者，让这次世博会的精神在全世界都产生了广泛的影响。这次世博会无疑是世博史上一次极富创新精神的成功案例，德国也通过它让世界改变了对其刻板保守形象的传统看法，树立了创新而不失严谨的国家形象和高标准高价值的会展国家品牌形象。虽然只举办过一次世博会，但是德国拓宽国际渠道，实施全球化品牌营销的战略打造了"德国制造"的会展服务品牌，让德国不仅成为全球的会展服务中心，也在本国国民经济甚至世界经济中也都发挥了重要作用。

二、意大利：欧洲会展业第二大国

意大利是在规模上仅次于德国的欧洲会展业第二大国，每年举办会展多达上千次。近年来，随着意大利会展业的市场化和国际化步伐加快，中国和意大利在会展业很多方面的交流和合作业日益增多。意大利会展业的品牌形象为中国会展品牌化战略提供了较强的参考价值与借鉴意义。

（一）意大利会展业概况

在2006年意大利举办的上千次会展活动中，有190多个国际性的展会，有超过20万个参展商参加，观众人数多达1000万人次以上；而意大利本国的展会约有700个以上，其中全国性展会有422个，地方性展会有113个，这其中还包括各地区举办的代表各区域经济的产业商品会。意大利会展活动的特点在于专业和精致，除了一些大型展会，意大利的地方展会和单项行业展会很有特色。主要的展会性质还是分为综合性展会以及专业性展会，综合性展会如马契夫国际消费品展、巴里东方博览会等，而专业性展会则有米兰国际家具展、米兰时装周等。有时，意大利政府和会展行业协会还会将属于同类或相近产业的专业性会展组织协调起来同期同地举办，以创造综合效益和规模效益，提升会展活动的吸引力。意大利的多个城市都有现代化的展览场馆，有举办大型国际会展活动的能力，主要的会展城市有中北部地区的米兰、博洛尼亚等，以及中南部地区的罗马、巴里和巴勒莫等，全国有大型展览馆数十个，其中最大的为米兰博览会展览中心、博洛尼亚展览中心、维罗纳展览中心和巴里东方展览中心。而意大利对会展业的管理也设有许多相关机构，比如意大利展览协会（AEFI），会员包括意大利全境的41家展览中心、会展组织和服务公司，是意大利国内最大的会展行业协会，除此之外还有专门负责协调工业类会展的意大利工业展览委员会（CFI），专门组织专业性展会的意大利专业展览协会（ASSOMOSTER），等等。此外，意大利会展行业相关的专业公司数量众多，整体拥有先进的会展管理经验和服务水平。其行业巨头米兰博览会集团在世界会展行业中处于领先地位，每年可举办80多个展览会或国际性博览会,营业产值可达数亿欧元。

意大利的大型国际展览会集中在米兰、博洛尼亚、巴里以及维罗纳等城市,每个城市的会展活动都各具特色,比如米兰的服饰、装饰以及艺术展览在世界上享誉甚高;维罗纳则保持农业展的传统优势;加尔达湖地区则有鞋类和钟表业支撑;布雷西亚则以成套家居为理念的会展为主;博洛尼亚以建筑室内装饰和皮革等会展为其特色……总之,每个城市都在拥有设施良好的展览场地的基础之上利用地区先进行业的优势大力发展专业性展会。同时,意大利这些会展城市还借此大力发展旅游产业,意大利历史悠久,地中海式的风景非常迷人,名胜古迹比比皆是,文化活动也颇为丰富。这也是意大利会展的又一大特色,即让参展商和观众不仅能从会展活动中获取丰富信息,享受高质量的会展产品和服务,同时还能利用空闲时间游览那些会展城市甚至意大利全境,参观名胜古迹,购物并享受丰富多彩的地中海生活。

(二)意大利品牌展会

1. 博洛尼亚皮革展(LINEAPELLE)

博洛尼亚皮革展,也被称为"意大利琳琅沛丽皮革展",每年两届分别于 4 月和 10 月在意大利博洛尼亚展览中心举办的 LINEAPELLE——意大利琳琅沛丽皮革展(博洛尼亚皮革展)是皮革、附件及部件、合成材料及纺织品行业最重要的国际盛事。该展览会自 1981 年开始举办,每年春、秋两季在意大利的博洛尼亚国际展览中心举办,是欧洲地区规模最大的皮革及鞋材博览会之一。意大利琳琅沛丽皮革展不仅展示春夏及秋冬两季的最新产品及潮流资讯,还引领潮流的创新时尚,更凸显出最具分量的国际供求关系。意大利琳琅沛丽皮革展为皮革行业超过 5 万家的公司提供会面场所,全球皮革行业 40% 的成交量、近 1130 亿美元的成交额都在这个展会上完成。2016 年实际展出面积 5 万多平方米。来自 32 个国家的近 1500 家企业参展,其中 47% 为意大利本国参展商,53% 为国际参展商。该展每届到会专业客商近 2 万人,来自 100 多个国家和地区。

2. 米兰时装周

米兰时装周,每年举办两次,分春夏时装周(9、10 月上旬)和秋冬时装周（2、3月），每次在大约一个月内相继举办300余场高水平的时装发布会，与巴黎时装周的包罗万象不同，米兰时装周中有大量的意大利本土时装品牌发布新产品。米兰时装周在四大国际时装周中起步最晚，但如今却已独占鳌头，每年两季的活动场面盛况非凡，聚集了时尚界顶尖人物，上千家专业买手，来自世界各地的专业媒体，这些精华的品牌元素和风格潮流所带来的国际化传播效应让其他商业会展活动望尘莫及。作为世界四大时装周之一，意大利米兰时装周一直被认为是世界时装设计和消费的"晴雨表"。

3. 米兰国际家具展

米兰国际家具展，公认的世界三大家具展之一（其余两个分别为德国科隆国际家具展和美国高点家具展），被誉为世界家具设计及展示行业的"奥林匹克"盛会。每年举办一次，于1961年开始举办，到目前为止已经举办了50多届。米兰国际家具展是全世界家居设计者与产业相关者聚集、交流的圣地，由米兰国际家具展览公司（COSMIT）主办，参展企业由意大利家具行业协会（Federlegno – Arredo）组织。展会内容包括米兰国际家具展、米兰国际灯具展、米兰国际家具半成品及配件展、卫星沙龙展等系列展览。拥有世界家具与家居设计顶尖水平的米兰国际家具展是全球家具、家居、建筑、配饰、灯具流行的风向标，不仅是意大利与世界各国进行家具进出口的重要交易平台，也是全世界家具行业相关人士每年都热切期待的盛会。

4. 马契夫国际博览会

马契夫国际博览会，是意大利最有影响的综合性展会，是欧洲最大的消费品、礼品展览会之一。该展始办于1964年，由米兰国际展览公司主办，每年1月和9月两届。该展会在米兰新国际展览中心举办，对外开放12个展馆以上，全新的现代化展馆创建了一个令人满意的参展环境，新建的地铁与城铁车站为展览会提供更加快捷的交通条件。2012年第92届马契夫春博览会吸引了1887家参展商参展，参展面积达到10.5万平方米，专业人士的参观率和成交比例都有显著提高，据展会官方统计：88658名观众参观本届展会。主办方米兰国际展览公司投入巨大的财力、物力邀请超过2000家外国大买家前来米兰。

5. 米兰世博会

2015年世博会在意大利的米兰召开，其主题是"给养地球：生命的能源"，这是非常契合目前世界经济高速发展下对环境关注的时代主题的。参照以往历届世博会都将带动主办地的基础设施建设的升级、优化城市环境、促进主办国旅游业发展、增加当地就业机会的影响，这次世博会也为意大利带来前所未有的贸易机会，为当地经济产生巨大的推动力，同时，也向世界展示意大利会展业的国家品牌形象，促进意大利会展业的进一步发展。

三、法国：近代会展业的先驱国家

英国1851年举办世博会的想法本身源自19世纪法国举办的各类国内博览会，所以，法国可以说是近代会展业的先驱国家之一，具有悠久的会展历史。法国作为欧洲大陆的中心和欧盟的成员国，其会展业具有地理区位、经济政治等多方面的因素，法国会展业虽然和英国、德国等一样都是老牌的欧洲会展强国，但是其会展业在许多方面却具备一些比较有个性的特征。虽然在强手如林的国际会展市场中法国并不能算是会展第一强国，但在艺术、时装等领域的法国和意大利可以说代表着这些展览的最高水平。

（一）法国会展业概况

法国的工业、农业和服务业发展均衡，均居于世界前列，且地处欧洲中心，交通便捷，气候温和，风景秀丽，一流的展馆和服务系统，以及悠久的国际交流传统，这些得天独厚的条件使法国成为全世界展览业最为发达的国度之一。法国拥有160万平方米的展馆，分布于80个城市，每年大约举办1400个展览会（包括只允许专业人士入场的专业展和允许社会公众入场的大众性展会两种）和100个博览会（指以社会公众为观众的多种行业参加的展览会）。其中，全国性的国内展和国际展约为175个，而专业展却有120个左右，可见法国会展业的专业性是很强的。欧洲经济复兴之后，法国大型展览会的国际参与程度不断提高。1999年，国外参展占总数的33%，国外参观者占参观总数的8%。其中有些世界名展，国外参展商人数超过参展商总数的50%，国外参观者占参观总数的 15% 以上。其国际专业展的主要参与国和地区按参与程度排列依次是比利时、意大利、西班牙、英国、德国、荷兰、瑞士、美国、葡萄牙、日本、奥地利、巴西、加拿大、丹麦、希腊、中国香港、爱尔兰、瑞典和土耳其。

  对于会展业的协调管理，法国会展业的行业协会也发挥了非常大的作用。法国国际专业展促进会是由商会和政府牵头组织的民间团体。其理事会由巴黎工商会、法国外贸中心、法国专业展联合会、法国雇主协会、巴黎市政府、法国外贸部以及展览中心和专业展览公司的代表组成。法国国际专业展促进会经费来源由两部分组成，一部分是巴黎工商会和展览场地公司等主要理事单位提供年度补贴，占少部分；另一部分是参加促进会的展览公司按所需促进的展会数目及促进宣传工作量而定的促销经费，这占促进会经费的大部分。法国的任何一家展览公司均可申请加入促进会，但促进会对于同一个专题的展会只接纳一个展会加入，而且优先接纳质量最好的展会。目前共有 65 个展会参加到这一促进网络，都是法国最知名的国际性专业展会，规模大，国际性强，需要依靠促进会在世界各地做国外参展商的招募工作或国外参观人员的促进工作。促进会为了向这些展会提供国际促进业务，在 63 个国家和地区建立办事处。这些办事处的任务是在各自负责的国家和地区为这 65 个展会开展形式多样的促进业务。在这 63 个办事处之中，除去意大利、德国、英国、比利时、西班牙等少数国家是由促进会总部独自投资的独资公司，其他办事处都是财务独立的机构或公司。根据国家不同，办事处可以是法国使馆商参处、法国驻外商会、法航办事处或独立的商务公司。这种展会境外促销网络具有很强的招展能力，因为哪怕是财力强大的展览集团，也没有足够的实力在世界上 63 个国家建立属于自己的办事机构网络，但是从属于不同展览公司的 65 个展会把其促销经费集中到一起，就能组成一个有效的展会国际促销网络。

  近年来，法国展览业呈现以下的发展趋势特色：首先是主办机构专业在 20 世纪 60 年代，许多专业性展会是由行业协会主办的。随着展会之间竞争的激烈化，越来越多的行业协会把自己的展览会卖给了专业展览公司，或者和专业展览公司合资组成股份公司，行业协会只保留一定量的股份,把展会的经营全部或部分交给展览公司经营,如闻名法国的法国国际男装展(SEHM)原属于法国男装行业协会,由于经营不善出现巨额赤字,已将其全部股份卖给了一家专业展览公司。

其次是展览公司集团化由于市场对展会的要求越来越高,这就要求展览公司对资金、人力资源、人际网络等各方面做很大的投入。小型展览公司往往力不从心,被大型展览公司兼并收购,形成了展览公司集团化的趋势。目前在法国展览市场上,主宰市场的会展企业是爱博展览集团、博闻集团、巴黎展览委员会、励展集团等。

再次是展会规模大型化。20 世纪 80 年代,在同一个经济领域内往往有许多展会并存。经过市场的优胜劣汰,现在众多的展览会已经消失,剩下的强者越办越大,越办越好,确立了自己的垄断地位,如在建材领域内有 BATIMAT 展,在食品领域内有 SIAL 展,在包装领域内有 EMBALLAGE 展,在农业领域内有 SIMA 展。目前,"春秋战国"时代已经过去,法国已经形成相对稳定的展览市场。

最后是展会进一步国际化。随着贸易世界化和欧洲一体化的发展,在法国举办的国际性专业展已不再满足于吸引法国的参观客户和参展商,必须在更大的地域范围内寻找客户。

欧洲各国展会的竞争加剧。为了生存,法国的展会力求提高展会的国际化水平,增加国外参展商和参观客户的比例,使展会成为欧洲的龙头,甚至全世界的龙头。

(二)法国品牌展会

1. 巴黎航空展

巴黎航空展,即巴黎—布尔歇国际航空航天展览会,是世界上规模最大、最负盛名、历史最悠久的国际航空航天展览会。巴黎航空展的组织者是法国航空航天工业协会(1985 年第 36 届以前称为法国航空工业企业联合会),两年举办一次,在单数年的初夏举行,展览会场设在巴黎东北的布尔歇机场。2013 年 6 月举行的第 50 届巴黎航空展吸引了来自 40 多个国家的 2213 家参展商,有 130 架飞行器亮相,展会期间精彩的飞行特技表演每天吸引了数以万计的游客驻足观看。于单数年举办的巴黎航展和双数年在英国举办的范保罗航展,是全球航空工业的晴雨表。通过航展上的订单数以及其他由航展带动相关产业的情况就可知晓全球各国航空工业的发展状况。

2. 巴黎时装周（PFW）

巴黎时装周，起源自1910年。法国自17世纪起就慢慢积攒下时装制作的好名声为世界所熟知。在19世纪末成立的法国时尚协会一直致力于将巴黎作为世界时装之都的地位打造得坚如磐石——这也是该协会的最高宗旨。他们帮助新晋设计师入行，组织并协调巴黎时装周的日程表，通过参展者和时尚记者将最新的法国时装精神传向世界。作为世界四大时装周（其他三个分别为伦敦、米兰、纽约）之一，巴黎时装周向来被视作时尚界的压轴展会。

3. 法国世博会

在历届世博会上出现的装饰艺术，尤其是在法国举办的几届，使我们得以追求艺术潮流的发展之路，为了在战后重新树立法国主宰世界艺术风格和潮流的地位，法国在1925年策划了巴黎装饰艺术与现代工业博览会，在这届世博会上，"装饰艺术"（Art Deco）作为一种新的艺术风格登上国际舞台，主办者很有远见地看到了艺术风格和工业设计之间的紧密联系，将该次世博会主题定为"装饰艺术与现代工业"。装饰艺术的风格首先体现在世博会的建筑上，干净简洁的线条，鲜艳的纯色、对比色和金属色让园区的大多数建筑给人强烈、华美的视觉印象，极尽奢华时尚之风。而在展品的选择上，该届世博会也有非常严格的遴选要求，为了推广全新的设计风格，所有展品不能是模仿或者是复制传统风格的物件，且不允许单单陈列原材料。各国的艺术家们想方设法把原材料巧妙地融入他们的作品中，这些材料从金属到玻璃、陶瓷甚至印刷无不体现了装饰艺术的风格。这届世博会虽然是以艺术和工业为主题的非综合性世博会，但它带来的影响却是空前巨大的，甚至对于今天都有着深远的影响作用。而在12年后，世博会又重新回到巴黎，这次世博会的主题是"艺术行业"，也就是指一直受希腊和拉丁古代文化影响，以朴素和古典为趋势的法国手工业，为了应对这种重回程序化和偏好华丽装饰的风潮，现代艺术家联合会（UAM）则竭力倡导功能主义，坚持任何产品都应当首先具有实用性。

在这样的分歧中，1937年世博会凭借展品的数量、质量以及极高的艺术价值，成了法国装饰艺术运动的最高峰。此外，毕加索的反法西斯油画《格尔尼卡》（毕加索最著名的画作之一）就是在这届世博会的西班牙展馆中首次展出的。

法国的品牌会展一般都集中在巴黎和南部沿海地区，所以法国会展业也有高密度集中化的特点。有"会展之都"之称的巴黎每年就承担近一半的法国会展，展览的收入居世界展览大城市之首位，单是会展场地的租赁每年都供不应求，而举办过7次世博会的辉煌经历也让巴黎傲居世博会历史之最。所以巴黎在很大程度上代表了整个法国的会展品牌形象。法国会展业的另一个特点就是会展公司不拥有展览场所，而这些多属于政府或者私人的展览场地自身并不承办展会，也不参与会展业的经营，这也让法国会展产业链的各个环节都各司其职，各项工作的专业化也提升了法国会展活动的质量。

四、日本：亚洲会展强国

日本作为我国地理上的近邻，也是世界经济的一个重要主体，东亚文化的突出代表国家，和我国在许多层面上存在共性，所以，其会展业的发展情况也非常值得我们关注。在第二次世界大战之后，日本经济在经历几次阵痛后于20世纪70—80年代开始腾飞，各行各业开始飞速发展并达到世界领先的地位，其会展业也随着经济的发展在20世纪90年代以后开始表现出极强的国际竞争力，多次举办世博会并在国内拥有许多世界知名的品牌会展后，日本目前已跃升为世界会展强国之一，其会展国家品牌也逐渐发展成熟，并有着非常高的品牌价值，对我国有很大的参考与借鉴意义。

（一）日本会展业概况

日本全国共有各种会展场馆291个，总面积为1064万平方米。主要分布在以东京为中心的关东区，名古屋、静冈周围的中部地区，以大阪、神户为中心的近畿地区，这三大地区的面积占了日本全国的74%。比较著名的场馆有日本规模最大、技术最先进的东京国际展览中心、东京国际展示场（户外）、大阪市OMM展馆、横滨国际和平会议场（先后举办过国际航空宇宙展、ET软件设计机器人竞赛、22届国际电动汽车研论会等重大展会）等。丰富的会展场所和基础设施为日本会展业的发展奠定了坚实的物质基础。

同时，日本的高等教育也是十分重视会展业的理论与实践教学，从日本大学开办的一些专业来看，适合会展专业的有公关方向、广告、传媒方向、综合组织、社会人文以及艺术设计及编排等。东京艺术大学、千叶大学、上智大学、庆应义塾大学等高等院校的会展业相关专业发展非常成熟，每年为行业输送了不少专业人才。

在会展业整体的运营与管理模式方面，不同于中国的政府干预模式，日本采取的是典型的政府扶持模式。和大多数国家一样，日本的会展业也由政府、行业协会和企业组成。日本会展业强调行业组织独立的民间组织地位，协助政府完成一定的行业管理任务，目前比较有影响力的会展行业协会有日本贸易振兴会（JETRO）、日本观光振兴会、日本大型活动振兴会和日本展示会协会（JEXA）。总体概括就是政府行政作用参与其中，大型会展企业起主导作用，而中小会展企业广泛参与的行业协会模式，其特点是强调政府的推动作用，对内是政府机构，对外是民间团体，从而使专业经济管理由偏重条理性的部门管理向偏重综合性的行业管理转化。

日本政府方面对于在本国举办的国际性会展活动的专门管理机构是日本国家旅游局，主要具备以下职能：促进国外游客到访；策划欢迎国外游客；代理举办通译案内士试验事宜；对国际展会进行调查及研究；出版与国际观光相关书籍；促进国际会议的举办并使其顺利进行。日本会展企业中的行业龙头主要有日本康格株式会社、杰科姆国际会展公司（J-COM）等。康格株式会社成立于1990年，其业务范围非常广泛，综合性极强，主要承办一些国际和国内会议、商业博览会，以及一些文化活动的展览会，业务内容也从前期的调研、策划到现在的现场管理、公关宣传等一应俱全。而隶属于日本最大、世界著名的旅行社——JTB的杰科姆国际会展公司则具有相对较强的专业性，以大型博览会的整体策划以及运营、实施、管理为业务核心，该公司曾成功举办过多个世界知名的国际盛会，其中还包括协办了我国的

1999年昆明世园会、2006年沈阳世园会、2011年西安世园会等项目，其业务的国际化程度非常高，合作伙伴遍及世界上187个国际和地区。正是在这样一种政府大力支持和推动、行业协会协调管理、大中小企业广泛参与三方紧密联系和配合的机制之下，日本会展业整体上呈现出一种在有条不紊、规范化程度极高的环境下稳健发展的行业态势。同时，其具体的会展产品和服务也体现出了高标准、高质量的行业水平，其中既包括起源于日本本土的品牌会展也包括在日本举办的一些国际知名的会展活动，从中不难发现日本会展国家品牌的一些特性，比如极具东亚特色的礼仪文化，追求精益、一丝不苟的武士道精神，以及日本大和民族的审美眼光，等等。下面将结合一些具体案例深入探讨日本会展业的国家品牌价值和特性。

（二）日本品牌展会

1. 东京电玩展（Tokyo Game Show）

东京电玩展（Tokyo Game Show）起始于1996年，是规模仅次于美国E3游戏展的全球第二游戏展会，至今已发展成为亚洲规模最大的游戏展览会，由社团法人日本计算机娱乐协会（Computer Entertainment Supplier's Association，简称CESA）主办，日经BP协会协办，活动举办的主要地点在日本东京千叶慕张会展中心，一般于9月下旬至10月中旬开始举行，为期4天左右。东京电玩展的内容以各类游戏主机以及其周边娱乐软体、电脑游戏以及游戏周边产品为主。作为一项国际大型视频游戏展览活动，东京电玩展是索尼公司的主阵地，任天堂公司也有一定程度的参与，这两家公司是日本游戏业乃至世界游戏业的行业龙头，通常利用该会展的机会发布一些新产品，对日本游戏业有极大的促进作用。

2. 日本樱花节

日本有樱花30多个种类，300多个品种（世界上一共只有800多个品种）。日本所有公园里，满目都是樱花。日本人民认为樱花具有高雅、刚劲、清秀质朴和独立的精神。他们把樱花当作勤劳、勇敢、智慧的象征。日本有"樱花七日"的谚语，意思是说花期很短。因此日本家庭里一般不种樱花，认为对家族的兴旺延续不吉利。樱花节的由来源自1912年，当时的东京市市长赠送给美国首都华盛顿三千株樱花树作为和平的象征，美国政府以花开满丛的山茱萸回赠日本。华盛顿一些民间团体发起举行第一届樱花节活动，之后就延续下来，成了一年一度的盛会，享誉全美及世界。每年的3月15日至4月15日，正是日本樱花最茂盛最美丽的时节，故被定为樱花节，也是日本吸收游客最多的一个月。

3. 东京国际鞋类展览会

东京国际鞋类展览会，是日本规模最大的鞋类与皮革展览会，虽然是一个专业性的主题展会，但其规模地位却是世界排名第九位的国际性展会。举办周期为一年两届，每年4月和10月固定在日本东京举办，展会效果显著，展商满意度高，服务态度好闻名于全球。日本市场上的鞋类产品，90%都来自中国。中国作为日本鞋市场的最大供应商，每年都有许多中国企业去日本参展，均获得较好效果。主办单位为全日本革靴工业同业联合会，由日本ISF事务局（政府组织）承办，同时也有如日本皮革产业联合会、对日投资贸易交流促进学会之类的行业协会协办，其展品范围涵盖男鞋、女鞋、童鞋、运动鞋、体育用品、时装鞋等多种鞋饰品种类，以及箱包、皮具、手袋等，甚至还包括各种皮革、人造合成革、鞋材鞋底、胶贴剂、鞋机、皮革机械等制鞋工业半成品和设备。

4. 东京国际珠宝展览会

东京国际珠宝展览会，是日本规模最大的珠宝贸易展览会，展览内容涵盖了珠宝、宝石等，作为日本最重要、最著名的珠宝展，该展会已成功举办20多届。东京国际珠宝展览会由日本珠宝协会于1993年创办，该展会规模不断扩大，而今已经发展成为亚洲乃至世界较具影响力的珠宝展会之一。该展会已经成为珠宝行业窥视亚洲珠宝市场当年流行趋势的好去处，更是一些欧美及亚洲国家珠宝商进军日本市场最好的平台。该展会之所有能成为日本的一项品牌会展，是因为日本高度发达的珠宝交易市场需要一个这样的会展活动，日本是亚洲经济最发达的国家，珠宝、手表零售市场总额巨大。日本进口珠宝首饰零售市场的规模在不断扩大，特别是近十年来，一些国际珠宝品牌在日本开始大面积进行市场扩张。此外，在日本不讲究首饰品牌的年轻一族越来越多，这对一些能够抓住年轻人消费需求的廉价品牌来说是个机会。特别是男性珠宝首饰市场，其销售总额增长迅速。

5. 日本世博会

日本1970年大阪世界博览会：这次世博会中的展示服从于主题"人类的进步与和谐"。无论是场地建筑还是展览活动，都提示着人类如何更好地利用自然资源，更好地应用科学技术，更好地促进相互理解，更好地享受工作生活。整个世博会会场建有不同展馆116座，展馆建筑打破了人们既定的传统模式，以技术表现主义思潮居主导，许多展馆和设施均借鉴了英国阿基格拉姆（Archigram）的新未来主义幻想，同时广泛运用钢铁、玻璃和新颖材料来强调现代建筑趋势，这也是自"二战"后举办世博会的流行和时尚。

日本1975年冲绳世界博览会：这次世博会的主题为"海洋，未来的希望"，日本也充分利用了海洋国家的特色，所以此次世博会也被称为冲绳国际海洋博览会。当时处于第一次石油危机带来的经济萧条期，但仍有350万人参观了此次博览会。在173天的展览期间，观众对博览会所建造的"海上都市""海洋牧场"表现了浓厚的兴趣。同时，博览会展示了各种开发海洋资源的先进技术与产品。

日本1985年筑波世界博览会：筑波世博会是日本举办的第三个世界博览会，主题是"人类、居住、环境与科学技术"，主要目的为加强国际科技交流与合作，反映21世纪科学技术的发展方向。46个国家和37个国际组织参加展出，日本各大公司组织了28个馆参展。展出期间共接待观众2000万人次。

日本2005年爱知世界博览会：这次世博会的主题是"自然的睿智"，吉祥物"森林小子"和"森林爷爷"令人印象非常深刻。爱知世博会的展览内容围绕"宇宙、生命和信息""人生的'手艺'和智慧""循环型社会"等副主题展开，其会场的总面积约占173万平方米，场址分为濑户会场和长久手会场。在这次全球交流的大舞台上，人们超越国界，共同体验和汲取世博会为人们所带来的无穷智慧，促进来自全世界各国人民之间丰富的文明与文化的大交流。会场的建设最小限度地影响并利用现存环境条件,以保证丰富多彩的交流和表现世博会主题"自然的睿智"。因为全民族的发展减少各国之间的摩擦,带来的是和谐祥瑞的新世界。

这些日本本国的会展活动以及世博会的经典案例向我们充分展现了一个极具日本国家特色的国家会展品牌,从中不难发现许多日本的国家特征,比如电玩和动漫代表了日本国内极具发展活力的文化产业,所以在许多日本会展中观众都会发现 cosplay(虚拟人物角色扮演)的表演,为活动现场气氛增色不少;再比如由于日本国土面积狭小,资源匮乏,所以环保节能也是日本会展业一直关注的主题,这种观念不仅贯穿到其会展产业国家品牌的精髓中,更是在几乎所有的日本产品(节能汽车、环保电器等)中都有体现。

五、美国:现代会展强国

(一)美国会展业概况

说到会展业,大多数人都会提到德国、法国等欧洲国家,却鲜有人会第一时间想起世界第一超级大国——美国。有数据资料显示,2011 年世界百大商业会展排行中,美国展会占有 7 席,总排行位于德国、中国、意大利之后,和法国齐平并列第四。而美国也是和德国一样在数量和质量上兼具优势的世界会展强国。目前,无论是综合性展会还是其他专业行业性展会,美国主办方对于中国企业越来越重视,中国市场也是如今美国会展企业所关注的一大热点,中国参品在美国展览中的地位已不容忽视。有数据表明,2010 年美国在世界展会会馆总面积排名上位居第一,比排名第二的德国多出接近 1 倍。仅在拉斯维加斯每年就有超过 2 万个展览和会议举行。拉斯维加斯会议中心占地 320 万平方英尺,拥有超过 10 万间客房,是世界上最具现代化、功能性最强的会展中心之一。拥有超过 18 万平方米的展览空间,144 个扶手椅会议室,能容纳 2000 人到 2500 人。有宽广的大厅和报到区,并有效地与展会大厅及新的展厅会议室相连接,允许架台、拆台或同时布展。除此之外还有纽约贾维茨会展中心、美国芝加哥麦考密克展览中心、奥兰多橘城会展中心等多个世界知名的展馆。美国会展中也不乏在行业内被誉为风向标的顶级展会,例如北美改装车展(SEMA)、全美广播电视展(NAB)和国际消费电子展(CES)等,均选择在这些场馆举办,每年接待观众和游客超过3700万人次。如今,拉斯维加斯、奥兰多、芝加哥等城市已成为美国最著名的会展中心城市。

一些专业协会影响力也日益增加,如美国国际展览管理协会(IAEM)、美国专业会议管理协会(PCMA)、国际会议专家协会(MPI)等。而美国会展业的管理主要依靠行业自律,属于企业推动型的协会管理模式;以企业自愿参加为特点,具有较强的民间性,主要通过自律机制和自律规范相对独立地承担管理责任,并没有专门的政府部门通过行政手段来直接插手会展活动。任何商业机构和贸易组织都不需要特殊的审批程序,就可以进入会展业,所以从业门槛非常低,而会展项目也基本上不需要审批,所以会展业在美国具有相当高的自由度。美国的会展业不那么知名的原因来自其本身。北美展览会始于18世纪,起源于专业协会的年度会议,展览只作为年度会议的一项辅助活动,而且只是一种信息发布和形象性展示,展览会的贸易成交和市场营销功能曾在很长一段时间里并不为企业所重视。

另外,不同于欧洲国家,美国展会大多是为了满足美国各个州之间的贸易来往,交易大多发生在参与的本国批发商和零售商之间。然而即便历史如此,由于美国市场容量巨大,美国展览会对国外参展商仍极具吸引力。随着如今全球一体化进程和会展业自身市场优势的体现,美国展会渐渐脱离了会议附属的形象,开始形成面向市场和消费者的展览经济。近年来,国外参展商的参展热情也随着会展活动中顺利交易而逐步提高。会展业在美国社会经济生活中发挥了重要的作用,比如对全美GDP的数千亿美元的贡献,创造数百亿美元的联邦税收以及将近200万个的就业岗位,因而美国政府对发展会展业十分重视。自从1896年年底特律会议局成立以来,美国会展业开始得到越来越多的地方政府与相关机构的重视,并逐步发展壮大。

(二)美国品牌展会

1. 美国钢铁工业展览会(AISTech)

美国钢铁工业展览会是世界上最著名的钢铁工业展,也是世界上规模最大工业贸易展之一,现每年举办一届,主办方为美国钢铁技术协会,每年都在不同的城市轮流举行,2019年举办于匹兹堡。超过40个国家和地区的企业参加了展会,许多企业当场预定了下一届的展会位置。展会吸引了最专业的观众,有董事长、工程师,也有领导者和管理者。参加美国钢铁工业展览会,来自世界各国的参展商和专业观众可以开展与美国钢铁业的合作与贸易,开拓北美市场,加强行业科技信息交流,同时了解国际钢铁工业的发展态势,从而提高企业的装备水平。

2. 美国洛杉矶 E3 电子娱乐展览会

美国洛杉矶 E3 电子娱乐展览会每年在洛杉矶举办一届,一般于6月左右举办于洛杉矶国际会展中心,是全球三大电玩展中影响力最大的展览活动,囊括了当年电脑游戏与电视游戏的所有重要作品。自1995年首届开幕以来,E3 电子大展早已成为全球电子娱乐产业的盛会,吸引了众多参展商和玩家们的目光。E3 为游戏业的厂商、玩家提供一个良好的互动机会,各方相聚一堂共谱商机,清晰地勾勒出世界电子娱乐产业的律动脉搏以及今后的发展方向,被人们冠以"电玩界的奥斯卡"之美誉,受到无数游戏厂商和玩家的关注。每年都有诸如任天堂、EA、微软、索尼、育碧等世界游戏产业巨头前来参展。

3. 拉斯维加斯国际消费品及礼品博览会(ASD/AMD)

拉斯维加斯国际消费品及礼品博览会于美国拉斯维加斯国际会展中心举办,参展商主要来自美国以及世界其他国家。展出产品主要包括:日用消费品、家居装饰品、礼品、赠品、服饰、美容用品、珠宝以及五金工具及军工用品等,是全美最大的世界最著名的百货业消费品展览会。自1961年始,ASD/AMD 一直致力于为厂商及采购方提供一个面对面的交易场所。每年在美国境内四次系列巡展,其中3月和8月在拉斯维加斯举办的消费品及礼品博览会是规模最大也最具影响力的巡展,2013年设有8000多个展位,接纳来自全球30多个国家的7万名采购商到会展参观洽谈。该会展在产品类别上更倾向于礼品、日用杂货以及日用消费品。据统计,在 ASD/AMD 上成交效果比较显著的产品有一般为礼品、赠品、文具用品、包袋等。

4. 全美广播电视展(NAB)

全美广播电视展,是囊括全球电子媒体精英的一流展会,从1998年起每年4月在美国拉斯维加斯举行,是全世界规模最大的电子传媒设备和技术展,其主题是促进全球广播、电视、电影等电子通信传播媒体业的发展,展示与传播媒体相关的技术和服务的未来趋势,展品内容包括电视广播产品、数字音频广播、网上广播技术、音频制作、视频编辑与特技、数字资源管理与存储、电影动画制作设备、卫星与无线通信产品、互联网的应用及技术等。被业内人士看作该领域发展的"风向标"。近年来,每年展会都还会举办500场以上的技能培养课程,现场购买力超过188亿美元,吸引来自全世界160多个国家和地区的10万多名专业人士,以及1600多家全球通信广播设备及技术的制造商和供应商作为参展商为与会者展示当今全球通信传播媒体业的最新产品,是全球广电行业最广泛的交流平台。

5. 美国世博会

美国是历史上举办世博会次数最多的国家(一共举办13届世博会),也是从中受益最多的国家。下面简要地盘点一下在美国举办的几届经典世博会。

1939年纽约世博会:这是世博会第二次降临纽约,当时国际社会还笼罩在第二次世界大战的"阴云"下,而这届世博会的主题却恰恰是"建设明天的世界",给了世界美好的希望和憧憬,也展现了美国乐观积极的民族性格,这一主题通过众多新发明和新技术得以演绎,磁带录音机、电视摄像机、尼龙、塑料制品等影响后半个世纪的诸多物品都是在这次世博会上展出的。

1962年西雅图世博会:随着"二战"结束后进入和苏联抗争的"冷战"时期,美国为了向全世界展示军事、经济、文化成就,尤其是太空领域的实力,再次燃起举办世博会的热情。这次世博会的主题是"太空时代的人类",标志性建筑正是有名的太空针塔,通过这次世博会,美国向世界展示了其作为超级大国的综合国力。

1964年纽约世博会:这是纽约第三次举办世博会,其中一个重要原因就是美国留恋世博会曾经带来的美好,当年受世博会积极影响的一代人在此时已经成了国家的主导者,他们希望在纽约年轻一代的身上重现世博会的震撼和荣光。这一届世博会的主题是"通过理解走向和平"。

1974年斯波坎世博会:主题是"环境",如今每年6月5日的"世界环境日"即最早始于斯波坎世博会。当时,斯波坎的人口仅20万左右,不过是一个小城,却生动演绎了一个曾经被污染的河流重归清澈的传奇,而这段传奇的诞生正归因于该届世博会的举办。

1982年诺克斯维尔世博会:主题为"能源:世界的原动力",这一主题是世界经历严重能源危机的时代见证;能源这个概念也前所未有地开始为国际社会所重视。探讨能源生产、利用、开发和管理的新途径,是诺克斯维尔世博会的主要内容。值得一提的是,正是这一届在美国城市举办的世博会让新中国第一次登上了世博会舞台。

1984年新奥尔良世博会:这一届世博会的主题是"河流的世界——水乃生命之源"。至此,世博会在美国的历史进程告一段落,美国已有将近40年未举办过世博会。这也是美国连续三届将世博会的主题关注于环保,但讽刺的却是美国实际上是世界第一污染大国。

作为世界超级大国,美国的会展业也表现出和其经济发展比较相似的特征,比如规模大、门类齐全,起步晚但发展迅猛,早年有着腾飞式的发展,但近些年表现平稳。美国人也将其自身突出的创造力和对自由的热情追求表现在其会展国家品牌形象之中,这也让美国会展产品的市场适应能力很强,能满足世界各国参展商和观众的各种需求。随着近年来中美贸易愈加频繁,会展业也将成为沟通中美经济的一架重要桥梁,而中美会展国家品牌间的竞争也将是世界会展市场上的大戏。

第四节　中国的会展国家品牌

如果以数量的标准来看,我国确实为世界上的会展大国,每年举办的会展数量甚至超过了美国与日本,仅次于德国和意大利。但是众所周知的是,我国会展业目前还处于起步发展阶段,很多方面都没有发展成熟，严格按照质和量两个标准来衡量，我国的会展业和那些发达国家相比还存在一定的差距，这也导致了我国会展产品的国际竞争力还处于一个较低水平。

这种现状和我国目前国内缺乏大量的品牌会展以及我国整体的会展国家品牌价值不高是密切相关的。就拿我国最著名也是最有代表性的会展活动——"广交会"来说，广交会虽然是中国对外贸易的最大平台，在参加人数、成交额、国家重视程度等多个方面都保持着世界之最，但是却一直是以"低价招揽顾客、低值产品导向市场"为特色的，具有和我国大多数展销活动一样博而不精的"地摊式"展会特点。虽然在某些角度来看，广交会确实能代表一些中国特色，但是那些特色却是诸如政府强势管制的模式、人山人海的场面规模等，这些都不利于我国优质会展国家品牌的塑造。

一、我国会展国家品牌发展过程中存在的问题

（一）国内展会不能形成规模效益

一国会展业只有协调地发展成一定规模才能形成品牌的概念，但是由于我国低层次、重复办展的现状使得参展商和观众分流，不能让资源得到最好的配置，这也直接导致了我国会展活动的规模普遍偏小。即使是我国规模最大的专业展——中国国际机床展也只有10多万平方米的平面规模，不及德国同类专业展的1/5。此外，在营销方面，我国会展企业缺乏各种营销机构和公关宣传机构有效的营销手段和宣传手段，忽视整合营销，自然导致了会展活动整体营销推广能力难以提高，从而导致难以形成规模效益。

（二）单纯地追求知名度，而忽视了品牌价值量的衡量

我国许多会展举办者对于自身会展品牌一味追求其品牌知名度，即为了品牌而去打造品牌，而不是通过必要的品牌定位和自身产品的价值去形成和发展品牌。制造吸引人的噱头，顶多会在市场上掀起一阵风，但结果却往往是浪过无痕，这种做法对会展是毫无益处的，即使提高了品牌知名度，但美誉度是否存在却无从关注。最终的市场表

现为国际观众仅仅是知道这个国家的会展活动，但却不知道这些会展是什么主题、有什么特点，更别谈所谓的品牌价值了。这对于我国的会展国家品牌形象的创立和传播是十分不利的，一个什么会展都能做的国家却什么都做不精，也自然不能区别于其他的会展国家，也必然会在茫茫无尽的国际市场中迷失方向，本国的大大小小的会展产品也会越走越散。

（三）会展国家品牌不能输出持续价值

我国许多知名会展的品牌形象由于表达过于简单，没有内涵，导致其品牌缺乏层次感。这种现状目前已蔓延成为我国整体会展品牌形象的弊病，这样的国家品牌缺乏感召力，不能为会展行业持续地输出价值。持续性的价值供给是品牌保持盈利能力的关键，这也是会展品牌价值内涵最重要的方面之一。要不断地推出新东西，不断地变革强化会展业的管理制度、服务体系、基础设施等各个方面。至少要集中精力专注于一个或几个主题，使其成为本国会展业参与国际市场竞争的王牌，就如同巴黎的装饰艺术展会那样，其国家品牌在这个领域的价值让其他国家无法望其项背。只有先有这样的"王牌"并且不断通过新的广告进行形象宣传，才能让其会展国家品牌有机会寻找新的价值发现。

（四）品牌会展的传播对象弥散化，手段单一化

很多国内的知名会展活动在国际上做品牌宣传的时候，因为其传播对象不明晰，没有对受众进行分析，导致了传播对象弥散于各个阶层和领域，而在传播手段上，往往只看媒介的权威性，一般是选择大媒体发布了事。而事实上，当今的数据分析的技术水平和媒介的个性化程度都非常高，我国的一些品牌会展完全可以通过细分市场更有效率地进行品牌推广与宣传，从而提高品牌构建的性价比。而在国内的传播手段上，往往也都是一些广告和新闻炒作。整体的会展国家品牌也没有通过用多样化、立体化的方式来整合大大小小的会展品牌。

（五）会展国家品牌形象和实际情况差异过大

我国经常在国际社会中标榜自身为会展大国，完全根据自身过高

的期望来塑造自我形象，但是实际上很多方面都言过其实，没有在会展品牌的立足根本上下功夫，如人才引进与培养机制、行业协会的管理模式、完善的服务体系等，都和发达国家有很大差距。一旦造成国际受众感知到的我国会展国家品牌形象与我国会展业的实际情况之间存在过于悬殊的差距时，我国会展国家品牌的冰山也就融化了，再想重新塑造便很难了。

二、会展国家品牌对于中国会展业的意义

（一）有助于强化我国与别国的会展差异化程度

我国的会展产品应该在国际市场创造出一种差异化的竞争优势，并从中获利。我国的会展国家品牌发展得越成熟，这种差异化程度就会越高，我国展会赢得参展商和专业观众的可能性也就越大，排斥其他国家竞争者的壁垒也就越高，竞争优势和获利能力也会随之增强。一件产品可以被竞争对手模仿，但是品牌则是独一无二、不可复制的。国际上的参展商和观众通常会根据自身的需求、目的以及品牌因素选择自己中意的会展，我国的品牌辨识度越高，获得目标客户的可能性也就越大。

（二）有助于提高我国会展业的整体国际竞争力

随着中国加入WTO，中国会展市场对外开放的步伐也在加快，近些年来，德国、英国、法国、日本等国际会展业巨头，都凭借着其雄厚的资金财力、强大的经营规模、丰富的管理经验、先进的会展经营理念、完善的品牌营销机制等优势，通过资本运作展会移植的方式进入中国市场。同时，国外会展公司优厚的薪资待遇和唯才是举的用人机制，以及富含品牌价值的无形资产，将直接对国内展览公司造成人才威胁。因此，中国会展业在国际会展市场竞争中最需要的是一个强大的会展国家品牌，品牌不仅仅是我国会展业竞争力的核心，更是我国经济实力、文化内涵的重要标志。

（三）有助于享有高回报的经济和社会效益

有品牌意味着有市场，无论是国际市场还是国内市场。一个展会

要想持续地办下去，就离不开参展商的参展，参展商的参展费是会展活动的主要经济收入，也是展会的经济基础。而国际知名的会展强国，其会展活动必然具有对于参展商强大的感召力，有利于获得更高的市场占有率。参展商到会展品牌国去参展不仅意味着将获得更大订单的可能性，还可以获得一种心理上的满足，即使参展费用大大高于其他国家的同类展会，他们也会乐于倾囊。品牌是一种无形资产，在我国会展业内部，从业人员会因为自己的职业而感到自豪，优秀的人才会愿意加入或者继续留在会展业，而在国家外部，卓越的会展国家品牌可以为我国开展网络化的经营模式扫清一些竞争上的障碍，这不仅能给中国会展业带来整体上的增值效益，而且其本身也具有很高的价值含量。

三、我国会展国家品牌的发展策略

（一）树立品牌的观念和发展意识

没有品牌的会展就犹如没有商标的产品，是很难向市场推广的，也注定会被市场所淹没。品牌的观念对于我国大大小小的会展以及整个会展业来说都是有启示意义的，我国会展的品牌战略必须先从具体的会展活动抓起，等到出现大量的品牌会展后，我国的整体会展品牌形象才会形成。品牌并非一种外在的形象概念，认识品牌的实质内容是发展品牌战略的第一步。国家品牌虽然是会展业在国际上的外化形象，但同时也是内在各种属性以及本国社会行为的性格代表。建立品牌会展项目需要很多方面的因素支持，对于我国一些具有品牌化潜力的会展项目，我们必须重点培植发展，强化并巩固其内在属性，通过项目的办展质量、技术创新能力、声誉口碑等或方面因素来深化品牌内涵，提升这些品牌会展的含金量。只有这样一些会展走出国门，在世界上获得品牌效益，我国才有机会开始塑造和发展整体的会展品牌。

（二）确定会展品牌的经营导向

品牌建设的重要基础之一就是品牌定位，品牌定位已成为现代会展国家品牌运营的导向，比如德国的工业展、综合展，法国的艺术展、装饰展，等等。多角度、全方位的品牌定位是会展品牌战略的重中之重，其本身可能是由多种不同类型的定位所构成的，包括品牌的特性、品质、营销策略等多个维度。对于会展业涉及的许多行业，我国面对全球经济发展的机会要选定一些目标市场，并通过塑造一些明晰、同一并且独具特色的品牌会展打入这些市场，并以这些市场为据点实施整体品牌战略，以强化国际客户对我国会展品牌形象和特征的感知，这就要求我国会展企业要在自身的营销策划中集中诉求、精心创意。在这种品牌发展过程中，我们必须避免市场选择的弥散化，否则会丧失我国会展国家品牌集中的差异化特色。我们必须通过研究去发现我国会展业在哪些市场具有相对的竞争优势，并重点扶持相关会展企业以及培养相关专业人才。

（三）通过文化底蕴提升品牌价值

品牌能够赢得顾客的忠诚，不仅在于它的品质、形象，更在于它的文化品位。作为拥有上下五千年历史的文明古国，中国的文化底蕴是非常深厚的，无论是儒家文化、道家文化还是民风民俗都深深地植根于中国社会，这对我国的会展品牌来说是一个重要的构成元素。

世界各个会展国家之间的竞争很大程度上取决于其会展品牌文化力的强弱，这一点日本做得非常好。建设品牌文化的过程当让不是鼓励的，而是各项因素的集合促成了品牌文化。我国在建设会展品牌文化时，首先要确定我国传统文化中有哪些符合现下国际社会的主流价值观，即舍其糟粕，取其精华，结合当今会展业的品牌文化需要进行科学的评估，同时结合会展涉及的各个行业、环境、背景、组织与管理模式、品牌发展战略等，进行有针对性的创意发挥，充分体现我国会展的行业特征和自身特点。

在建设我国会展品牌文化的时候，还要综合考虑其他因素，既要充分汲取现实品牌文化中的闪光点，又要借鉴别国先进品牌文化的长处，从而让我国的会展品牌文化对未来国际市场的变迁更具有适应性和发展性。文化是会展国家品牌的灵魂，所以，我国会展品牌的文化建设要渗透到会展业的每个环节和领域。建设中国特色社会主义会展品牌文化就是总体上的出发点，在细节上，我们必须不断提升我国会展项目品牌文化内涵和底蕴,要既能搞活中国传统文化本身,同时又能通过品牌文化的作用提升我国会展产品的国际竞争力。

(四)创造会展国家品牌的竞争优势

迈克尔·波特曾在《竞争战略》的理论阐述中提出了实行差别化来获取竞争优势,培育核心竞争力的主要手段。品牌化经营作为一个重要战略,其主要目的就是要创造我国会展品牌相对于其他国家的差别化优势,而具体上有以下三点基本策略可供参考。

1. 打造高品质会展

品质是由多种特性所构成的综合体,它包括质量、性能、功能、价格等多方面因素的比较和融合,因此,在创造会展品牌的差别化优势时,首先要进行要素差别的整合,以形成具有结构性的品质差别化优势。

2. 提高技术创新程度

一个成功的展会一定有强大的技术支撑作为其吸引参展商和顾客的关键因素,先进的科技水平赋予了展馆、展厅、服务、后勤等一系列配套设施以特色,技术的先导效应将会更好地服务于顾客,从而创造更好的品牌价值。

3. 提高服务质量

在许多情况下,国家之间的品牌差别化优势来自服务质量,会展业从属于第三产业——服务业,故也称为会展服务业,所以,这个行业的特性之一就是将服务作为一项重要的竞争力要素。当我国的一些具体会展活动开始进行品牌化经营时,就必须秉承"服务至上、服务至诚"的理念并将其嵌入品牌的价值系统,全面提升服务质量,最终起到扩展品牌附加值的作用,促进品牌声誉的口碑传播,从而在国际市场内积累广泛而坚实的客户资源。

(五)重视国家品牌的整体营销

与国外知名会展相比,我国大多数展会定位不明确,规模普遍较小而且比较分散,而重复办展的问题也比较严重,这些问题一方面是由于我国会展业缺乏品牌营销模式所造成的,另一方面是由于我国实行会展品牌战略造成一些阻碍，在很大程度上会降低我国会展对参展商和专业观众的吸引力。所以，站在品牌营销的角度上，看待我国整个会展行业，有必要进行重塑式营销，以此引领我国会展产品的品牌运营。

就拿广交会所代表的整个中国展销式会展活动来说，在营销推广方面普遍存在着这样一些缺陷：营销方式相对单一，过于依赖电视、报刊等传统媒介，没有利用新媒介发挥互联网的广泛传播效应，市场化运作程度不高，政府行为较为明显，行业协会没有发挥强大的作用，等等。重塑这样一些会展活动的品牌营销，最常见的途径就是根据市场竞争态势来选择一些有特定题材的展览主题，然后在这个主题的基础上发展各自的品牌价值，最终形成整体的会展国家品牌，其具体层面包括：

1. 提升国家品牌知名度

即要让会展的参展商和观众看到或者一想起某一会展就知道这个会展属于哪个国家。所以我国走向国际市场的会展或者是招揽外宾的国内会展都必须在名称、运营上打上"中国制造"的标记，比如"青岛啤酒节"在走向国际市场时就可以用"中国—青岛啤酒节"的名称对外进行品牌营销。

2. 扩大品牌认知度

即要让一国会展产品的目标参展商和观众对项目整体品质有优越性的感知，就如同一说到德国会展就能想到严谨精细的高品质。扩大品牌认知度必须通过策划、营销、服务等多个层面的工作扩大各个会展项目的"性价比"竞争优势，这种优势达到一定规模后就会上升到国家层面，即促进会展国家品牌的价值提升。

3. 创造积极的国家品牌联想性

所谓品牌联想，就是指项目的参展商和观众能记忆与该品牌相关的事物，比如说到日本就能想到樱花、武士道、烦琐的礼节文化元素等，而会展国家品牌的联想性在这些文化要素的基础上还应该包括该国会展国家品牌所能引起的会展类别、展会品质、服务质量、顾客利益等方面的联想。会展的主办方要努力营造积极的品牌联想，强化我国会展产品的差异化竞争优势,从而提高目标参展商和观众对本国会展国家品牌的兴趣和积极性。

（六）聚焦于国家品牌的内核,提高我国品牌会展的国际竞争力

品牌竞争是市场竞争的突出表现,在市场竞争中,拥有品牌虽然很重要,但是最重要的还是品牌的内核以及要素,对于我国会展国家品牌来说,由于会展业实际情况距离我们的理想品牌目标还存在着一定差距,所以我们当前应该着手于建立我国品牌竞争力中的一些重要环节和要素,提升我国会展业的整体水平。

1. 变革会展业管理机制

前文中提到的发达国家的会展业管理与组织上都有着行业协会主导、政府帮扶、企业广泛参与的健康机制,而我国目前还采用政府"家长式"主导会展行业的模式,这种机制对会展行业的创新能力和积极性都是有制约作用的。所以在变革机制的过程中,我国必须注重行业协会对于会展行业的重要作用,并设立专门的政府机构进行有针对性、高效率的管理,并在不降低质量标准的基础上降低对企业市场准入门槛。

2. 明确会展品牌主题

当前,整个国际会展界都在大力呼吁发展主题会展。虽然事实上并非每一个会展活动都是具有鲜明的主题,比如汉诺威展会由最初的工业展发展成为现在的综合展。但是大多数时候,一个创新的主题本身就能产生足够的吸引力,含糊不清的主题往往会让参展商感到不知所措,让观众感到眼花缭乱,会展会因为缺乏专业性而丧失大量的专业客户,这一点在大型商贸展会（如展销会）中表现得尤为明显,所以,我国在塑造品牌会展时不能一味追求规模场面大的综合会展,要在专业和主题上做到卓有建树。

3. 通过招展工作实现观众促进作用

观众促进属于展览会的生产过程,它先于招展工作并贯穿始终。有资料显示,60%以上的被调查者认为,会展成功与否主要取决于专业观众的质量和展会的实际效果,所以必须通过提高招展工作对参展商的筛选标准才能吸引到更高质量的专业观众前来参展,最终实现会

展质量的整体提高。

（七）积极参与并承办世界性的会展活动

2010年的上海世博会无疑对我国的会展业有着极大的刺激作用，在这样举世瞩目的会展活动上，是最能表现一个国家会展业的国家品牌形象的。我国必须多参与和承办这样一些活动才能在实践中锻炼我国的会展国家品牌。只有在这样一些国际化的平台中学习别国优势，同时发现自身不足，不断发展不断改进，才能让中国会展国家品牌在世界市场的强手之林中有立足之地。

第四章 会展品牌战略规划

第一节 会展品牌战略概述

"战略"一词原是古代军事用语,指对战争全局的谋略,以克敌制胜,常指根本性的长远的关乎整体局势得失的谋划和部署。20世纪60年代首次有西方学者将"战略"一词应用在组织经营管理中,之后"战略"被广泛应用于社会、政治、文化、科技和教育等各个领域,出现了与军事战略相并列的政治战略、外交战略、文化战略等。可以说战略是组织者基于内外部环境和资源的考察进而采取的系列行动和谋划,从而为组织谋求持久的竞争优势和发展优势。

所谓品牌战略,是指组织为取得竞争优势而充分利用外部环境和内部资源创建、维护和发展品牌的一整套长远性、根本性和全局性的谋划和行动,是组织整体发展战略的重要内容。品牌战略的本质和核心是发展经济、创立和发展名牌,最终提升经济实力和综合竞争力,确保组织的长远发展。在会展的策划体系中,会展品牌战略是一种职能战略,一方面要服从会展总体战略所确立的目标和总体的战略规划;另一方面要与各个子战略之间相互协调。

一、会展品牌战略特征

会展品牌战略是基于会展自身的特殊性,在对市场进行调研中形成会展品牌的定位与配套服务构建,对会展品牌进行营销与管理,布局谋划会展的人员、形象、营销等方面的内容,从而打造具有国际竞争力的会展品牌。将会展品牌建设提升到会展经营战略的高度，为会展塑造强势的品牌，核心在于建立与众不同的会展品牌，为会展品牌建设设立目标、方向、原则与指导策略。会展品牌战略特征如下：

1. 全局性

会展品牌战略的策划要求从会展的全局出发，在全局观指导下的会展品牌战略才具有生命力，才可以达到扩大会展品牌资产和提高会展品牌价值的目标。

2. 目的性

制定会展品牌战略的目的在于为会展品牌的发展指明方向，是指导会展品牌定位、品牌发展和品牌传播等一系列活动的准绳。

3. 长远性

会展品牌战略是在市场调研的基础上经过研究制定的，是一个长期的概念，最常见的是五年发展战略，其着眼点不在于短期提升会展品牌的经营业绩、影响力和传播力，而在于会展品牌的长远发展，具有相对稳定性。

4. 创新性

会展品牌战略是会展评估自身的过程，是会展根据其远景与优势进行挖掘创新的过程。会展品牌战略围绕"以品牌为核心"进行，成为会展专业服务定位的创新。

二、会展品牌战略的内容

会展品牌战略是一项事关全局的长期系统工程，会展在整合内外部资源的基础上对品牌进行创建、维护和发展，从而为会展获得竞争优势。在这个动态的过程中，会展品牌战略需要进行会展品牌化决策、会展品牌识别的确立、会展品牌延伸规划、会展品牌管理规划和会展品牌愿景的设立，这些是构成会展品牌战略的主要内容。

（一）会展品牌化决策

会展品牌化决策解决的是会展品牌的属性问题，是指会展是否实施品牌化以及如何确定具体的品牌策略的方法。在实行会展品牌化的前提下，对品牌实施的具体策略与方法包括会展品牌命名决策、会展品牌营销决策、会展品牌定位决策等。在市场经济日益发达且形成品牌经济的时代背景下，会展品牌化决策是会展生存和发展必须注意的重要问题，会展品牌对市场的适应和跟进都需要会展品牌的营销而实现。

(二) 会展品牌识别的确立

品牌识别系统由 BMI（品牌理念识别）、BBI（品牌行为识别）和 BVI（品牌视觉识别）三个基本要素构成，规范了品牌的思想、行为和外表等。会展品牌识别是在结合会展定位、营销策略、品牌定位和品牌形象的基础上，经过系统化后提出的一套促进会展形象传播的整体策略，为参展商和观众提供了感知会展品牌定位和会展品牌形象的渠道。会展品牌识别的确定包括会展理念识别、会展行为识别和会展视觉识别三方面要素的规划与确定。

1. 会展理念识别

会展理念识别是会展理念的对外展示，是进行会展品牌识别策划的核心内容。包括会展定位、会展品牌形象定位、办展方式、会展价值、客户利益、会展规范和会展发展策略等在内的有关会展的指导思想，对会展品牌识别的策划具有全局性的指导意义。会展理念识别策划是关系到会展发展和会展品牌形象的活动，不是由办展单位的策划部门或外部单一策划公司单独完成，而是在办展单位的高层管理者参与下进行。

2. 会展行为识别

会展行为识别是会展办展行为的对外展示，主要包括会展服务、会展营销、会展礼仪、会展工作人员的行为和会展现场相关活动等。会展行为识别是一些对会展行为富有指导意义的规则、目标和策略，并不是会展营销、会展相关活动等的具体执行方案。会展行为识别是对会展理念识别的具体执行，作为会展理念识别的外化，必须秉承会展理念识别的统一性和个性化特征，与会展理念识别的口径统一、步调一致。

3. 会展视觉识别

会展视觉识别是通过视觉化的符号、图案、色彩和文字等来展示会展特征的一种方式，主要包括会展的现场布置、会展 Logo、会展标准色、会展标准字、会展吉祥物和会展广告设计等，它们能给参展商和观众最直接的视觉刺激，使会展给人留下深刻的印象。会展视觉识别以视觉传播的方式将会展的品牌形象传递给参展商和观众，在设计上特别强调设计的目标性、视觉分辨率、美观性和合法性。

（三）会展品牌延伸规划

会展品牌的延伸规划是对会展品牌未来发展领域的清晰界定，明确未来会展品牌的发展与延伸，在降低延伸风险、规避品牌稀释的前提下，谋求会展品牌价值的最大化。会展品牌的延伸规划包括三个方面，其一是延伸的新会展产品与原会展产品符合统一会展品牌核心价值，其二是会展的新老产品的属性应具有相关性，其三是会展延伸的新产品必须具有良好的市场前景。

（四）会展品牌管理规划

会展品牌管理规划是从组织机构和管理机制上为会展品牌建设保驾护航。在会展品牌管理规划的过程中需要注意三个方面的内容，其一是要完整理解会展品牌资产的构成，透彻理解会展品牌资产各项指标如品牌知名度、品质认可度、会展品牌联想、溢价能力、品牌忠诚度的内涵及其相互之间的关系；其二是在此基础上，结合会展的实际，制定会展品牌建设所要达到的会展品牌资产目标，使会展的品牌创建工作有一个明确的方向，做到有的放矢，减少不必要的浪费；其三是围绕会展品牌的资产目标，创造性地策划低成本，提升会展品牌资产的营销传播策略，并不断检验会展品牌资产提升目标的完成情况，调整下一步的会展品牌资产建设目标与策略。

（五）会展品牌愿景的设立

会展品牌愿景贯穿于会展品牌战略的始终，在会展品牌规划之初，会展品牌愿景最先为会展品牌提出一种假设愿景，这种愿景是一种理想的顾客价值假设，假设之后求证这一价值的现实性、合理性和可行性。在会展品牌战略规划中，求证会展品牌的假设的愿景形成了会展品牌化决策、会展品牌识别、会展品牌延伸与会展品牌管理规划。在此基础上，为会展品牌的发展设立一个切实、可行且合理的愿景，并明确会展品牌发展各阶段的目标与衡量指标，这便构成了完整的会展品牌战略规划。

第二节 会展品牌战略的作用

会展品牌战略是品牌经济发展的必然举措，是在市场竞争中获胜的有效途径，也是为了确立会展品牌的优势并把这种优势持续下去而对品牌的目标及实现目标所用手段的总体谋划。会展品牌战略对会展经济发展提供了不可或缺的力量，对提升会展差异化竞争、稳定会展顾客、提升会展品牌整体经营水平都发挥了强有力的作用。

一、会展差异化竞争的主要手段

当今时代，企业要想在市场竞争中取胜，除了努力降低生产经营成本，以低价来抓住消费者，另外就是与竞争对手形成差异化，通过差异化来赢得消费者的心。品牌因其具有个性和内涵，使消费者产生与众不同的亲近感和满足感，成为企业的生命和灵魂。通过品牌化经营，打造市场竞争中的强势品牌是企业间竞争的制胜法宝。

现代市场经济环境下，会展业竞争越发激烈，为获得相对竞争优势，品牌则成为实现企业差异化战略的工具，是现代市场影响的重要手段。会展品牌战略最重要的思想是通过有意识赋予客户一个完整的、独有的、可视的会展品牌形象从而保持独特的竞争优势。品牌差异化定位是会展品牌战略的组成部分，通过建立品牌功能性或情感性差异，将自己会展品牌与其他相区分，创造出个性突出的产品或服务，比同行竞争者更能满足目标客户的需求，使此会展在行业内独树一帜，对会展业的发展具有引领的能力。

二、稳定顾客的主要工具

消费者的购买行为日趋成熟，更加注重产品或服务的品牌所赋予的精神、生活方式和价值取向，品牌已经成为促成消费者产生购买行为的重要因素。企业只有以品牌经营为核心，才能真正体现以消费需求为导向的经营理念。

在商品生产和销售活动中，从事同类会展产品或服务的企业较多，会展之间的质量、水平和内容各不同，因此对顾客的吸引和稳定效果也不同。富有知名度和特色的会展品牌使客户对其具有足够的忠诚度，其品牌随着时间推移被大众不断重构，甚至形成口碑，赢得声誉，这样的会展品牌便有了知名度、信誉度和顾客的忠诚度。对于参展商和观众而言，会展品牌战略利于长久稳定且满足双方的需要，良好的参展效果同时提升了顾客的满意度，围绕这样的品牌形成消费经验，为将来的消费决策形成依据，彼此之间建立了深度的关系，进一步加强了顾客对会展的忠诚度，会展通过品牌战略的实施获得了长期的用户。

三、提升会展品牌的整体经营水平

卓越的品牌战略可以使产品有较大的销售市场，能够在市场上以比同类产品更高的价格出售。因此，名牌产品和良好的服务能够实现巨大的销售额和高额的利润，给企业带来丰厚的商业利润，实现品牌和企业的壮大和持续发展。

同样，会展品牌战略在会展整体的发展和壮大过程中扮演了重要的角色，对会展的经营水平产生显著的影响。成功的会展品牌形象绝不是单一地对会展品牌进行宣传，实际上还涉及会展经营管理的所有重大战略决策，这些都自觉围绕会展品牌进行。会展品牌是会展经营水平的综合反映，始终以会展品牌战略为核心来构建其他的经营战略。会展企业将品牌的构建与经营管理和技术创新相结合，品牌战略将不断提升会展的整体经营水平，高质量的管理水平也将不断增强会展品牌的信誉和价值。

第三节　会展品牌战略规划环境分析

会展品牌战略是顶层的谋划和行动，是一个动态的过程，在这个过程中，需要进行品牌战略环境的分析。会展品牌战略必须建立在客观环境要求的基础之上,准确把握环境要求是成功进行会展品牌战略规划的前提。通过对会展品牌战略规划环境的分析,有助于会展企业了解市场态势和发现市场机会,从而进行更加科学合理的品牌化决策和品牌定位。其中包括政治环境、经济环境、社会文化环境、自然环境和技术环境等会展品牌宏观环境,以及会展品牌相关主体如参展商、观众(专业观众、普通观众)、行业竞争者与行业替代者等微观环境分析。

一、会展品牌宏观环境分析

会展品牌宏观环境主要指的是会展品牌的宏观外部环境,一般来说,包括政治因素、经济因素、社会人文因素、自然因素和技术因素,会展产业和内部各企业均受到政治、经济、社会和技术等宏观环境的影响,同时,这些因素和力量之间相互联系、相互影响。❶ 在对会展品牌战略宏观环境分析时,采用 PEST 分析法,通过对会展所处的外部环境进行全面客观的分析,明确各个因素对于企业的影响。

(一)政治环境分析

会展品牌政策环境是指国家对会展品牌的法律保护和知名会展品牌的支持政策,会展品牌政策对会展品牌战略的制定和实施有着重要的指导作用。会展品牌政治环境具体包括政治体制、产业政策、市场准入、集团利益和地方保护。

党的十七大报告强调,建设创新型国家,要形成一批拥有自主创新产权和知名品牌、国际竞争力较强的优势产业,加快培育我国的跨国公司和国际知名品牌。党的十八大报告再次强调,"形成以技术、品牌、质量、服务为核心的出口竞争新优势",是对改革开放 40 多年来形成的传统出口模式的挑战,是对以劳动密集、廉价低级制造业为出口导向模式的变革。2016 年,国务院办公厅颁发《关于发挥品牌引领作用推动供需结构升级的意见》,针对我国当前的经济发展态势,重点强调品牌是企业乃至国家竞争力的综合体现,代表着供给结构和需求

---

❶ 刘嘉龙. 会展策划与管理[M]. 北京:中国旅游出版社,2011:81-82.

结构的升级方向,支持企业加大品牌建设投入,增强自主创新能力,建立品牌管理体系,提高品牌培育能力,不断提升品牌形象❶。2017年,国务院确定将每年的 5 月 10 日设为"中国品牌日",加强对品牌的关注与重视。2019 年政府工作报告中政协委员也强调"加强对优秀民族品牌的保护刻不容缓"。与此同时,各省市也在不同程度上以不同形式针对企业和产品的品牌化提出了相应的见解,呼吁实施品牌战略,增强品牌价值和影响力,充分发挥品牌的强大作用。

依据国家"十三五"时期有关支持战略性新兴产业发展的意见,近年来,节能环保、新一代信息技术、生物、高端装备制造、新能源、新材料、新能源汽车等产业快速兴起,给展览市场带来了新的题材。瞄准产业变革方向,服务企业展示交易需求,抢占未来竞争制高点成为展览业界竞争制胜的法宝。服务新兴产业发展,一批人工智能、节能环保、新一代信息技术、生物、高端装备制造、新能源、新材料等以新兴产业为题材的展会将会涌现。

(二)经济环境分析

会展品牌经济环境主要是指会展经济发展状况、人口与收入、相关行业发展状况和物质环境状况等。具体包括社会经济发展水平、市场规模、行业进出口产业结构的规模和产业结构等内容。相关行业发展状况和物质环境状况也会侧面影响会展题材和会展品牌策略的制定。2010 年,中国加入 WTO 进一步打开了中国迈向世界的大门,国际竞争日益激烈,国际影响力日益加强,国内的会展公司向国外进行业务的拓展,同时,国内也迎来了一大批具有竞争力的国际会展公司。我国经济发展进入新常态,京津冀、粤港澳、长江经济带和长三角经济协作区等战略的提出和付诸实施,使各区域经济不断实现飞速发展。国外会展业迅速采取品牌化发展战略,通过品牌化连锁经营迅速扩大了市场份额,中国的会展业也在通过品牌运营来整合国内资源,提升国内会展品牌的竞争力。经济发达的地区其配套的基础设施也相对齐全,

---

❶ 新华社. 国务院办公厅印发《关于发挥品牌引领作用推动供需结构升级的意见》. http://www.gov.cn/zhengce/content/2016 - 06/20/content_ 5083778. htm. 2016 - 6 - 20.

会展的开展有了足够的条件保障。

近几年,在宏观经济面临下行的压力下,中国会展业虽然保持了增长,但增速仍低于全国GDP第三产业的水平。2018年全年经济贸易展览总数达10889场,展览总面积达14456.17万平方米,较2017年分别增长5.13%和1.2%。与2017年相比,2018年净增展览531场、展览总面积170.82万平方米。在上海、广州、重庆、北京、南京、成都和沈阳等城市的带领下,一些区域中心城市也在迅速崛起,全国近200座城市加快发展会展产业,展览数量、展览面积和展览质量显著提升。中国境外自主办展数量日益增长,行政机构、协会和商会参与其中,协同民营企业在印度、墨西哥、马来西亚等国家完成独立办展、合作办展和展中展等类型展会,"一带一路"沿线国家逐渐成为中国境外自主办展的热门举办地。

(三)社会人文环境分析

社会文化环境,是指企业业务涉及地区的民族特征、文化传统、价值观念、宗教信仰、教育水平、社会结构、风俗习惯等情况。具体而言,社会因素包括社会文化、社会习俗、社会道德观念、社会公众的价值观念、职工的工作态度以及人口统计特征等;文化因素是人们的价值观、思想、态度、社会行为等的综合体[1]。与政治、经济环境不同的是,社会文化环境的变化一般表现为渐进的甚至是潜移默化的方式。社会文化环境的各方面因素是在人类长期的生活和成长的过程中逐渐形成的,人们总是不自觉地接受这些准则的行动指南,因此,一个地区的会展产业发展与社会文化背景也是密不可分的。

社会文化环境对于会展的影响是间接的、潜在的和持久的,对于会展品牌文化有着重要的影响。其中,文化传统是一个国家或者地区在较长历史时期内所形成的一种社会习惯,是影响人们活动的一个重要因素,包括思想认识、行为方式、价值取向和思维方式等内容,是具有持续性和稳定性的综合体,许多传统的文化理念至今还深深影响着企业和行业的各个层面,例如职业道德和社会责任、正义、诚信等。

---

[1] 侯章良,刘立新. 战略管理最重要的5个工具[M]. 广州:广东经济出版社,2008.

例如我国的传统节日期间对于制造零售行业、餐饮行业和礼品玩具行业是一个较好的机遇。同时,价值观念作为社会公众评价各种行为的观念标准,不同国家和地区往往差别较大,强烈影响着人们的购买决策和企业的经营行为,会展品牌策划的过程中也要在品牌总体战略的基础上,结合当地的价值观念和文化因素,因地制宜,体现会展的地方性和特色性。

另外,人口是形成市场的最大的基本因素,所以一个国家的人口总数决定着该国许多产业的市场潜力。2018年年末,我国总人口为139538万人,16~59岁人口为89729万人,占总人口的64.3%,城镇常住人口达到83137万人,当前我国人口发展处于重大转折期,随着年龄结构的变化,自2012年起,我国劳动年龄人口的数量和比重连续7年出现双降,7年间减少了2600余万人[1]。人口因素对于会展品牌战略的制定也有着重大的影响,人口的总数直接影响到会展对外接收的人口总规模、展会参展商的总体规模和展品的总量与分布,人口的性别比例和年龄结构也在一定程度决定了社会需求结构,从而影响会展的总体结构。

(四) 自然环境分析

自然环境是指企业业务涉及地区或者市场的地理、气候、资源和生态等环境。不同地区由于其所处的自然环境不同,对于企业战略制定会有一定的影响[2]。自然环境与会展产业有着紧密的联系,会展业发达的城市和地区都是自然环境较为优越的区域。从总体上看,人类面临着自然资源减少和自然环境恶化的威胁,这对会展企业而言,既是契约,又是发展的机遇。自然资源的减少将对会展企业的发展和活动开展构成长期约束条件,很多工业类展会的参展商与主办方面对这样的情况需要及时调整企业的方向。同时,生态与人类生存环境日趋恶化,环境保护工程早已提上日程,企业产品的开发与会展材料的使用都需要在这样的变化下及时调整,提高会展材料综合利用,融入新型

---

[1] 国家统计局数据,2019年1月23日。
[2] 侯章良,刘立新. 战略管理最重要的5个工具 [M]. 广州:广东经济出版社,2008.

环保技术，会展主题也由传统类型调整到更多与环境保护相关的内容。地理要素方面主要包括地区的地形地貌、山川河流等自然地理因素和交通运输结构等经济地理因素，结合我国由西到东地势降低的趋势和西部北部多山、东部南部多平地的地形，加之中东部沿海地区经济相对发达，会展的主要举办城市多在中东部地区和东南部地区。另外，交通设施包括海陆空交通质量、交通量、交通网布局等方面也对会展的举办产生重要影响，因此，会展品牌战略的确定也与此有着密切的联系。

（五）技术环境分析

技术环境指的是行业或者企业所处的环境中的科技要素以及与该要素直接相关的各种社会现象的集合。科学技术是最引人注目的一个因素，新技术革命的兴起影响到社会经济的各个方面。技术元素不仅包括那些引起革命性变化的发明，还包括与企业生产有关的新技术、新工艺、新材料的出现以及发展趋势和应用前景。近年来，信息技术的发展和产业化，不但诱发形成了新的一批高科技产业，改变了传统的制造业与服务业的概念，还促使传统产业的改造和技术化重生，引起不少产业价值链结构的根本性调整。技术环境对企业或产业的直接影响表现为由技术进步对生产力、品牌发展速度、就业类型变化等企业经营要素的改变上，技术环境对企业或产业的间接影响表现在由技术对个人消费观念和消费习惯的影响引起的对企业产出要求的改变上。因此，技术环境分析主要内容包括技术水平和技术发展趋势、技术对行业的影响以及技术的社会影响和信息化的影响四个方面。

会展技术环境主要是指在会展品牌战略规划的过程中，将新技术应用于展会的组织过程以提高办展的效率和会展的吸引力。展览展示技术从实物、实体展览到跨媒体、多媒体展示转变，其中包括基础展会采用的静态陈列式布展，对声、光、电以及多媒体和网络技术的应用；发展阶段的展会则使观展者可以亲身实践或者虚拟地体验展品的优越性能，完成展会形式的创新。

二、会展品牌微观环境分析

会展品牌微观环境是指对会展活动产生直接影响的组织和行为的力量和因素,主要是分析会展业内部的企业竞争格局以及与其他行业的关系,会展业的结构及竞争性决定着会展业的竞争原则和企业采取的会展品牌战略,因此,微观环境是会展企业制定品牌战略最主要的基础❶,需要对参展商、观众、主办者、行业竞争者、替代品这五个方面进行分析。

(一) 参展商分析

会展参展商是会展活动的目标客户,是会展的服务对象,在制定会展品牌战略的过程中,要先对参展商的数量和分布进行重点分析,还要分析和把握参展商的需求和变化趋势以此作为会展品牌策划的宗旨和参考。参展商分析主要是基于更深入了解参展商的行业分类、参展效果、对专业观众和展览组织机构的满意度以及对展览项目的忠诚度等内容作为分析项目进行系统的评估。在这个过程中的分析,为展览组织机构进行新的展览项目的可行性分析提供了数据支持,还进一步展示了展览项目的优势,为招展工作提供信息,同时为会展项目的品牌建设提供了诸多有效支持。

(二) 观众(专业观众、普通观众)分析

德国展览统计数据自愿控制组织(FKM)规定:凡购票入场或在观众登记处登记了姓名和联系地址的人都被称为会展观众,记者、参展商、馆内服务人员和没有登记的嘉宾不在观众之列。会展观众有专业观众和普通观众之分,这两者的根本区别在于专业观众对于会展发展而言具有重要的价值,能对会展品牌的推广起到关键作用。而普通观众则是会展发展所要影响的目标客户或潜在客户。因此,为了节省参展商分辨真正客户的时间,对会展而言最重要的是观众的质量而不

---

❶ 沈红宇,陈建峰,陈伟. 企业管理概论[M]. 哈尔滨:哈尔滨工程大学出版社,2015.

是数量❶。

如今,参观者需求从信息获取型向现场体验型演变;展览市场格局从区域化向国际化、全球化转变;展览参与人群年龄结构从"60""70"后为主向"80""90"后为主变化。参展观众的数量和质量直接反映了会展的成效,特别是对专业观众的分析对客户关系的建立和发展有着重要的意义。对观众的分析不仅反映了观众的地区分析、行业构成及参展目的,更重要的是客观地反映了观众对会展的期望值,为完善会展组织工作提供了决策依据,也是目标参展商选择会展的重要依据。科学准确的观众分析,不仅能帮助参展商和观众进行参展决策,还能提升会展组织机构的服务水平,从而树立和构建良好的会展品牌形象,这也为会展品牌战略的策划奠定基础。

(三) 主办者分析

会展主办者多为政府部门、行业协会等,会展企业要与它们建立良好的合作关系,保持经常性的沟通,从而熟悉国家、地方的经济发展态势以及行业发展动态,进而使会展项目更具针对性❷。会展主办者在开发新客户的同时也要尽力留住老客户,与客户结成合作伙伴关系,形成展会与客户双赢的局面,使展会实现良性循环。会展品牌战略的确定,也需要对会展主办者进行多方面分析,将主办者自身拥有的资金、产品、客户关系等资源进行优势利用,同时弥补劣势、规避风险,将之与会展品牌战略的目标、定位相结合。

(四) 行业竞争者分析

行业竞争者之间的竞争是行业竞争结构中最为强劲的力量,为了获取更多的市场份额和利润,现有竞争对手之间往往会不惜代价地进行竞争,竞争手段通常是价格战、广告战、产品开发、售后服务和品牌形象等。行业竞争者之间的竞争强弱程度主要受到行业内现有竞争对手的数量和规模、行业增长速度、固定成本的比重和差异化程度与

---

❶ 黄彬. 展览策划与组织 [M]. 杭州: 浙江大学出版社, 2013.
❷ 刘松萍. 会展营销与策划 [M]. 北京: 首都经济贸易出版社, 2006.

退出壁垒的高地等因素影响❶。同时，潜在加入者也是行业内重要的竞争力量，其加入可能会受到行业内原有的企业激烈抵制，产生进入障碍。

会展行业竞争者是指与会展活动有竞争关系的其他同类会展活动项目，会展活动要想在市场上获得成功，就必须能比其他同类会展项目更有效地满足目标客户的需求。会展品牌是会展竞争的重要工具，会展品牌战略中对行业竞争者的分析对于会展有针对性地确定自己的品牌战略至关重要。在对行业竞争者分析的要素中，首先是分析竞争者对品牌的定位，即会展竞争者的受众类型、会展形象，洞悉竞争者的品牌特性，寻找竞争者品牌的差异点。同时还要分析会展竞争者设计会展品牌的合理性，即其能否充分满足会展参展商和观众的功能需求和情感需求。其次是分析竞争者品牌的基础，即其会展质量、技术水平、服务水平。最后是分析竞争者品牌的延伸空间，即其品牌能否应用到竞争者的其他产品和服务中。对会展品牌竞争者的分析能够有效帮助会展企业找到竞争者的优势和弱点，从而确定自身更加具有竞争力的会展品牌战略。

（五）替代品分析

替代品往往是新技术与社会需求的产物，老产品能否被新产品替代，主要取决于两种产品的"性能—价格"的比较，新产品的性价比高于老产品时，新产品对老产品的替代就具有必然性，否则，新产品还不具备足够的实力与老产品竞争。当新老品牌处于不同的生命周期，替代品的威胁日益严重时，老产品往往处于成熟期或衰退期。因此，对替代品的分析主要是针对替代品在价格上的吸引力、所获得的顾客满意度和转换成本❷。会展品牌微观环境中，对替代品分析的关键在于分析能够对会展各专业环节造成影响的相关企业、品牌，从而更好地从自身条件出发增强品牌的竞争力，保证展会的质量与持续性。

---

❶ 舒辉. 物流与供应链管理［M］. 上海：复旦大学出版社，2014.
❷ 彭加平，曾伟，周裕全. 新编现代企业管理［M］. 北京：北京理工大学出版社，2013.

第五章 会展品牌定位

品牌的内涵在其发展过程中已经发展出符号说、综合说、关系说和资源说四类定义。而会展品牌则是根据会展行业内在特征,在品牌学说的基础上做出的相关定义。本章所讨论的会展品牌定位是进行会展品牌策划的基石,良好的定位有助于会展品牌的形成并不断助推会展品牌的价值提升。

本章将从研究比较成熟的品牌定位这一内容着手,对品牌定位的演进、原则、策略、工具四个方面进行阐述;从而推演出会展品牌定位的方法。在本章的最后是对会展品牌定位意义的归纳与总结,强调会展品牌定位的意义主要是明确其重要性,在逻辑思维上为会展品牌策划的深入及科学化提供必要性支撑。

第一节 品牌定位

提及品牌定位必须提到"定位"一词,"定位"的概念是由里斯和特劳特最早提出,他们认为:"定位始于产品,一件商品、一项服务、一个机构、一个人……定位并非对产品本身做什么行动。定位是指针对潜在顾客的心理采取行动,即要在顾客的心目中确定一个适当的位置。"菲利普·科特勒为定位所下的定义为:"企业设计出自己的产品和形象,从而在目标顾客中确定与众不同的有价值的地位。"很明显,定位的目的是在顾客的心智中找到属于产品的合适位置。而品牌定位历经几十年的发展,也有不同学者提出不同的观点,本节将对品牌定位的演进进行梳理,陈述品牌定位的内涵以及原则,引入和归纳现有的品牌定位的策略以及相关工具。

一、品牌定位的演进

关于品牌定位的演进方面，大多数学者都认同 USP 理论、品牌形象论和定位理论三个阶段的划分方法，但在 21 世纪初，里斯和特劳特在市场定位论基础上针对品牌营销提出了品牌定位识别理论。本书认为这是品牌定位演进的第四个阶段，故而在本节中将以"四阶段论"作为描述品牌定位演进的基础。

表 5-1 品牌定位的演进

理论	USP 理论	品牌形象论	定位理论	品牌定位识别理论
代表人物	劳斯·瑞夫斯（Rosser Reeves）	大卫·奥格威（David Ogilvy）	阿尔·里斯（Al Ries）和杰克·特劳特（Jack Trout）	阿尔·里斯（Al Ries）和杰克·特劳特（Jack Trout）
产生时间	20 世纪 50 年代	20 世纪 60 年代	20 世纪 70 年代	21 世纪初
时代背景	产品主导	形象主导	定位主导	竞争主导
核心观点	强调产品特征及利益	塑造形象长远投资	创造心理第一位置	尊重、适应需求，占据心智资产
方法依据	实证	精神和心理满足	品类的独特性	心智差异化
沟通基点	产品属性	形象识别系统	消费者需要	消费者心智模式

资料来源：根据现有的理论成果梳理而成。

（一）USP 理论

20 世纪 50 年代后期，伴随着科技的进步和社会的进一步发展，企业的生产能力迅速扩大，而市场上相同的产品出现的速度也加快，产品之间的区别越来越小，人们在众多可选择的商品面前显得无所适从。至此，依靠产品本身优势的产品竞争时代一去不复返，取而代之的是推销观念。在这个产品销售方式的转变期，劳斯·瑞夫斯提出 USP 理论，即独具销售特点的销售主张，认为在确定广告主题时要把注意力集中于产品的特点和消费者的利益上，通过产品间的差异分析，选出消费者最易接受的特点作为广告主题。USP 理论的基本内涵包括：

（1）找出该品牌独具的特性——Unique。这个特性必须是独特的、唯一的，其他同质竞争商品从来没有采用的。即广告必须陈述商品的独特之处，强调一种"人无我有"的竞争关系，并且突出这一独特之处是竞争对手做不到或者无法提供的。

（2）适合消费者需求的销售——Selling。广告所强调的内容必须对销售有实质性作用，能够打动顾客，促使其发生购买行为。

（3）发挥建议的功能——Proposition。推销必须包含特定的商品效益。即每一则广告都必须准确无误地告诉消费者，购买广告中的产品将获得何种好处。

（二）品牌形象论

20世纪60年代，是推销观念向市场营销观念转变的时期。一方面，商品的种类、数量不断增长，使人们如何做出购买选择变得更加困难；另一方面，人们的生活水平不断提高，消费者的购买心理发生变化，由注重实效向兼顾心理满足转变。此时，人们不仅注重产品的特性，更注重产品背后的企业形象和产品声誉。广告大师大卫·奥格威根据这一背景提出了品牌形象论。品牌形象论所关注的核心包括：

（1）随着产品同质化的加强，人们直接依据产品的功能及所获利益很难做出选择。此时，产品应该注重其差异性的塑造，通过差异化的形象突出产品形象，着重赋予品牌更多感情上的利益，促使消费者做出基于品牌偏好的感性选择。

（2）广告是对品牌形象的长期投资：品牌是能给企业带来持续利润的长期资产。通过广告积累消费者心目中的品牌印象，也就是对品牌进行长期投资。一般来说，越知名的品牌越具有较高的品牌溢价。

（三）定位理论

20世纪70年代开始，是产品形象营销向产品定位营销转变的过程。它们可能不存在直接的替代关系，但是营销学发展到今天，定位已经成为社会最为认可的营销观念。1969年，阿尔·里斯和杰克·特劳特首次提出"定位"概念；1981年，二人的著作《定位》系统阐述了定位理论。定位理论被公认为"有史以来对美国营销影响最大的观念"。菲利普·科特勒则这样评价定位理论:"里斯和特劳特深刻揭示了消费者内心对某个品牌现行定位或重新定位的心理活动的本质。"

定位理论认为现有的产品一般在顾客心目中都有一个位置,因而定位应强调通过突出符合消费心理需求的鲜明特点,确定特定品牌在商品竞争中的方位,以便消费者从大量产品信息中脱离出来。品牌定位理论的核心观点包括:

(1) 定位的起点是消费者心理,而不是产品本身。

(2) 明确产品的目标市场,以及产品在目标市场的顾客心理定位位置。

(3) 对可能的市场和潜在的顾客施加一定的影响,并通过创意策划,制造产品显著的社会声誉,以形成品牌竞争的市场优势。

(4) 品牌定位的高境界应该是在品牌的内部结构方面,把利益点与支撑点进行巧妙的结合,并优化要传递给消费者的信息,以最少、最合适的信息量直击消费者需求。

(5) 不要试图去改变顾客心理,顾客心理一旦形成,极难改变。

(6) 跟随领先品牌的"me too"(我也如此)策略是无效的。

(7) 品牌在顾客心理有特定的排列梯度。

(四) 品牌定位识别理论

品牌定位识别理论,由品牌(Brand)、定位(Positioning)、识别(Distinguish)三个关键词组成,简称 BPD 理论。"定位"一词在英语中有两个词比较常用,一个是 Orientation,另一个是 Positioning,在之前的营销学专著中 Orientation 一词比较常见,它是由内而外的定位,是如何使有限的资源和优势效益最大化的一种主观性的策略,是以自我为中心的行为方式。而 Positioning 则是一种由外而内的定位理念,它强调在充分了解消费者需求后,以顾客为中心的定位思维。这两个词的区别也恰恰是品牌定位识别理论区别于品牌定位理论的关键。品牌定位识别理论强调主动了解、分析、尊重需求,抓住消费者心智,将不可控的消费变为可控的消费行为,使品牌竞争成为一种心智竞争。

品牌定位识别理论不仅从营销学的角度去探讨定位,更从消费心理学的角度分析消费者心理。心理学上认为消费者心智是指深植于消费者内心深处的对消费品市场的认知，这些认知能够充分反映消费者价值观、个性主张，它总是以反映某种符合消费者既得利益的概念出现。人们在追求心理需求满足的过程中，消费者心智起到对消费者购买意识控制的作用，从而在消费者头脑中影响并决定其对消费对象做出选择。

综观前文关于定位理论的演进过程可以推断，品牌定位已进入心智定位时代，品牌定位的研究重点也由宏观的策略方法的研究转移到对消费者心智作用机制的探索。

二、品牌定位的原则

在对品牌定位的演进过程进行梳理后，本书认为品牌定位是以消费者需求为核心要义，根据企业自身状况、竞争者状况、市场环境三者做出有利于突出企业产品差异化特征，塑造品牌形象、打造品牌个性、构建品牌核心价值，在消费者心智中占据有利位置的一项系统工程。品牌定位是建立强势品牌的第一步，在定位过程中应当遵循以下四个原则：

（一）消费者导向原则

品牌定位发展到现在已经进入到心智竞争阶段，品牌定位从消费者心理开始，对于品牌在消费者心目中找到合适的阶梯位置具有重要的意义，因此品牌定位要遵循消费者导向原则。从消费者的角度去进行产品思维、将消费者需求作为品牌定位的前提要素，突破信息传播沟通的障碍，将定位的信息植入消费者心智。杰克·特劳特和史蒂夫·瑞维金在《新定位》一书中，就一再强调定位的中心在于消费者的心理，对消费者的心理把握得越准确，定位策略就越有效。对产品进行品牌定位就是确定品牌的核心消费者的过程，以消费者为导向很大程度上是满足核心消费群体的有效需求；外围的消费者只能通过品牌号召力吸引，而不能妄图去满足所有消费者的需求。

（二）差异化原则

品牌定位需要实施差异化原则，只有将自身品牌与其他品牌有效地区分开来，品牌定位才能算得上成功。品牌之间的差异往往体现在产品的实质内容、公司的产品理念或者公司对产品所赋予的个性上，这些或大或小、或明显或隐晦的差别构成了产品之间的区隔空间、形成了不同的品牌特征。时刻牢记差异化原则，才能将产品的品牌信息凸显出来，让消费者更好地记住品牌，吸引消费者注意力，促使品牌成功地进入消费者心智。差异化原则的有效实施能够让消费者对产品品牌产生积极联想，构成消费者消费品类品牌梯度，越积极的差异化策略，越容易提升产品在消费者心目中的地位。

（三）个性化原则

品牌与品牌之间的区别在于，每一个品牌被赋予的独一无二的个性，它是一个品牌最具排他性的特征，能够为一种产品吸引到"分众"时代的消费群体。经济的快速发展，产品的同质化发展，给消费者带来了选择困境；产品的生产者通过塑造产品的个性，将产品从物理特性趋同、功能效果相似的产品竞争泥潭中拔出，通过产品品牌表现自身所具有的个性特征以及消费者的自我价值观念，得到消费者感性思维上的认同，从而进入消费者心里，成为一种能够占领消费者心智的产品。个性化原则是产品的重要标签，这样的品牌定位充分代表一类消费群体，从而俘获一类消费者的心理，锁定品牌产品的核心消费群体。

（四）动态调整原则

品牌定位是相对固定的，这样才能在消费者心里形成相对明晰的品牌形象。但同时，品牌定位不是固定不变的，它是动态变化的，根据市场需求的不断更新，品牌会与时俱进地进行一定的调整，以更好地实现品牌的可持续发展。另外，产品市场也在不断变化，产品自身会不断升级换代，同时，也有新的同类产品进入市场，展开竞争。因此，品牌的定位要根据市场的变化，及时做出适应性调整，以保持品牌的市场活力和竞争力。当然，任何一个产品都存在一定的生命周期，任何品牌也有它的生命周期，很难有品牌可以保持一成不变，在品牌的生命周期内，品牌会伴随产品商的产品策略进行调整，以更好地促进产品销售，实现品牌价值。当品牌进入衰退期后，产品商很有可能因为启用新的品牌，而加速原有的品牌老化，直至退出市场。

三、品牌定位的策略

品牌定位策略现在主要有三大方法。其一是针对企业所处的微观环境进行市场定位分析，即3C分析法，针对消费者（Customer）、竞争者（Competitor）、企业自身（Corporation）三方面进行深入分析，从整体环境上做出最能够满足消费者需求的品牌定位判断。其二是综合考虑内外部各种因素，运用SWOT分析法，对外部环境、内部条件进行系统评价，从而选择最佳定位路径。其三是品牌定位图分析法，这一方法分析的范围相对较窄，主要针对竞争对手进行分析，定位图分析法主要是清晰、直观地了解竞争企业的品牌定位格局，帮助企业迅速地找到市场利基，从而确定企业自身的品牌定位。这三种方法均运用了中国《孙子兵法》中的"知己知彼，百战不殆"的战略思维，对于品牌定位具有指导意义。

品牌定位的具体策略主要从产品、顾客、企业自身等层面展开，根据具体的市场需求做出定位决策。

（一）产品利益定位策略

消费者购买任何产品都希望从中获取一定的价值，希望产品能像描述的那样满足自身的需求。因此，产品利益定位策略是品牌定位中一种非常直接的定位方式，通过精准的说明产品能够为顾客带来的利益来吸引消费者，事实上，这种策略至今仍十分有效。在产品品牌定位过程中，往往需要考虑的是通过品牌传递某种利益还是众多利益的问题。欧莱雅的一款产品使用了"七种岁月问题，一个解决对策"的广告语，产品强调它具有七大功效能够解决不同的岁月问题。但在实际的调查中，很少有顾客能将欧莱雅这款产品所具有的七大功效一一表达，但是消费者印象很深的是这款产品能够解决众多的肌肤问题。欧莱雅利用此种品牌定位实现了其产品利益的传输过程，形成了产品良好的品牌印象。另外，消费者所能记住的产品信息是极其有限的，向消费者承诺一个功效点的单一诉求往往也更能够突出品牌个性获得品牌定位的成功。如宝洁旗下的洗发水品牌定位，海飞丝占领了"去头屑"消费者心智资源，飘柔占领的是"柔顺头发"的心智资源，潘婷则代表了"营养头发"，宝洁公司依靠单一功效点的信息输出占领消费者的心智，形成强有力的品牌形象。

（二）情感利益定位策略

情感利益定位策略主要是通过人为地为产品塑造一种身份，或者情感展现的属性，从而打动消费者心理，实现产品的营销。根据品牌定位理论的描述，现代人的消费已经从理性消费过渡到感性消费，这就意味着大多数消费者在消费产品时会受到感情因素的影响。美国知名香皂品牌"象牙牌"就打出"妈妈当年给我用过的香皂"的怀旧广告，将产品定位为亲人的关爱，从而获得年轻消费群的钟爱。Darry Ring 在销售钻石婚戒的时候每一位男士只能凭身份证购买唯一的一枚婚戒，这是爱情中"你是我的唯一"的承诺，也是 Darry Ring 为消费者带来的情感利益。再如哈根达斯的品牌定位是"爱她就带她去吃哈根达斯"，也是爱情的象征。脑白金作为保健品的实际功效我们很难确认，但这一品牌打出"今年过节不收礼，收礼只收脑白金"的广告语，将品牌定位为孝敬父母的保健品，从而满足广大消费群里孝敬父母的刚需，获得了市场。情感利益定位策略将人类的各种情感融入品牌，使消费者在购买、使用产品的过程中获得这些情感体验，从而唤起消费者内心深处的认同和共鸣，最终获得消费者对品牌的喜爱和忠诚。

（三）自我表达利益定位策略

自我表达利益定位策略通过表现品牌的某种独特形象和内涵，让品牌成为消费者表达个人价值观、审美情趣、自我个性、生活品位、心理期待的一种载体和媒介，使消费者获得一种自我满足和自我陶醉的快乐感觉。在产品消费过程中，人们更看重产品与自身个性的契合，即消费某种产品能够彰显自身的个性。例如 2014 年大受追捧的可口可乐身份装，在可口可乐瓶身上印上"高富帅""白富美""文艺青年""纯爷们"等身份标签，吸引了现代年轻人的关注，他们认为这些标签与自身或者自身所向往的身份是一致的，可乐不仅是饮料，更是一种情怀。

无论品牌定位策略选择何种方式，都与产品所能提供的利益紧密相关。1997年，美国营销学者Walker Chip首次提出了"品牌核心价值"。他认为品牌核心价值是一个品牌的灵魂，是品牌资产的主体部分，它让消费者明确清晰地识别并记住品牌的利益点与个性，是驱动消费者认同、喜欢乃至爱上一个品牌的主要力量。一个品牌要区别于竞争品牌，必须拥有独特的核心价值，品牌的核心价值是品牌的DNA，它是企业欲传达给消费者的一种独特价值主张、一种个性、一种承诺，这种核心价值事实上是指企业为目标消费者所带来的独特利益。从"利益"赋予的角度对产品进行定位，能够牢牢地抓住消费者的心智，获得品牌建设的成功。

当然，根据竞争地位的不同，企业可以实施有针对性的品牌定位策略。企业在整个竞争市场中，要先预判自己所处的环境，了解自身在竞争市场中所处的地位，然后充分评估自身竞争条件，在内外因素的共同作用下，对企业品牌实施定位。

如果企业处于市场领导者的定位，在进行品牌定位时，可以选择首席定位策略。相关研究表明，在购买产品时最先进入人脑的品牌中，领导品牌是其他品牌的一倍多；商家也更愿意销售领导品牌的产品。由于优势明显，决定了市场主导品牌往往选择首席定位策略：抢先一步，捷足先登，形成良性循环，在竞争中始终比挑战者更快、更好。阿尔·里斯认为：获得了领导品牌地位的主要因素是能进入人的心智。而保持此位置的存续的主要因素是反复地对目标客户进行概念强化；同时，领导品牌绝对不是一成不变的，它需要在品牌竞争中不断优化，从而在消费者中长期占有重要的位置。

如果企业是位居次要地位但竞争力很强的企业，则可以选择市场挑战者的品牌定位策略。挑战者品牌自身需要不断创新，增强自身实力；同时，要对其挑战的品牌的优缺点了如指掌，以便发起品牌攻击，攫取更多市场份额。

当然如果企业实力一般，通过模仿或改良产品，同样可以获得高额利润，这样一些企业所采取的是跟进者的品牌定位策略。跟随者的品牌定位策略可以进一步分为两种：一种是跟在领导品牌后面进行模仿；另一种则是避开领导品牌，寻找空当加以填补。相较之下，后一类跟随策略更加有效。

在市场中，几乎每个行业都有许多小型企业，它们在市场的生存策略是寻求大公司忽略或放弃的细分市场，并全力争取与保持细分市场的顾客，以期占据既安全又能获利的市场空缺，此即为市场补缺者策略。市场补缺者最主要的竞争优势是专业化的定位，采取此种品牌定位策略可以避免和大企业的直接竞争，从而获得相对宽松的企业发展环境。

事实上，无论是从利益角度开始品牌定位，还是从企业所处的位置进行品牌定位，都只是定位策略的开始。真正的品牌定位策略都是综合多种因素后，持续开展的组合式的定位，通过各种途径强化品牌形象，不断为企业品牌做加法，从而在消费者心目中固化品牌形象，占据消费者的心智资源。

四、品牌定位的工具

品牌定位的工具是从品牌定位实践中总结出来的，能为品牌定位的实操提供指导作用的方法。这里主要介绍四种常规的品牌定位工具。

（一）顾客效用层次模型

为了在较高层次上建立品牌定位，企业必须了解产品对顾客意味着什么，即顾客效用如何。在前面所提及的顾客与品牌的关系基础上，可以通过建立顾客效用层次模型❶，对顾客效用层次进行分析，实现顾客效用的预判，为品牌定位提供可信的依据。

顾客效用是指产品满足顾客需求的内在力量，换句话说，是指消费者在消费商品时所感到的满足程度。本书将产品品牌分为三个层次，即产品属性、顾客利益和顾客价值。产品属性是指产品可见的物理特性，如价格、颜色、重量等；顾客利益是指不可见的产品或品牌特征，是顾客体验的结果，如舒适、方便等；顾客价值是指顾客的社

---

❶ 屈云波. 以顾客为中心的销售［M］. 北京：企业管理出版社，1999.

会需求和稳定的信念，如安全感、幸福和乐趣等。这三个层次分别满足顾客的不同层次需求即效用，而这三个层次之间又存在着很大的关联：产品属性能让顾客获得相关利益，进而实现相关的顾客个人价值。因此，将满足顾客需求的三个层次建立一个模型，即顾客效用层次模型（见图5-1）。模型中产品属性、顾客利益和顾客价值之间存在内在的必然联系，顾客价值由众多的属性决定，顾客利益在其中承上启下。

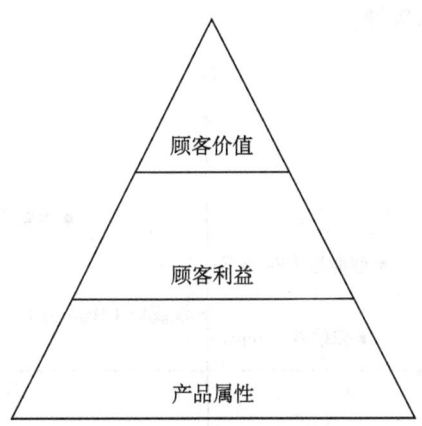

图5-1 顾客效用层次模型

顾客效用层次模型将顾客的需求加以分层，品牌的"利益"也可以分解为三个层面，企业据此满足顾客的层层需求。反之，顾客依次为每个层次的满足效用做出品牌评价，推动企业对品牌在每个层次上进行定位和再定位。在属性层次上进行定位为顾客提供了购买该品牌的理由，而与具体产品属性相联系的利益进一步支持有说服力的定位主张，若该品牌被顾客认为与个人价值相一致时，就能加强这一说服力。同时，这样的定位需要不断地进行营销沟通。通过评价品牌是怎样在不同层次上被识别的，企业很容易获得必要的信息，从而优化品牌定位，实现品牌的可持续发展。

（二）品牌定位图模型

1. 品牌定位图简介

品牌定位图是进行品牌定位时最常使用的一种工具，科学地将其付诸应用,会达到事半功倍的效果。定位图是一种直观、简洁的定位分析工具,一般利用平面二维坐标图对品牌识别、品牌认知等状况做直观比较,以解决有关的定位问题。其坐标轴代表消费者评价品牌的特征因子。图上各点则对应市场上的主要品牌,它们在图中的位置代表消费者对其在各关键特征因子上的表现的评价。如图5-2所示:图上各点的位置反映了消费者对各种啤酒品牌的口味和味道的评价。如百威(Budweiser)被认为味道较甜,口味较浓;而菲斯达(Faistaff)则味道偏苦,口味较淡。

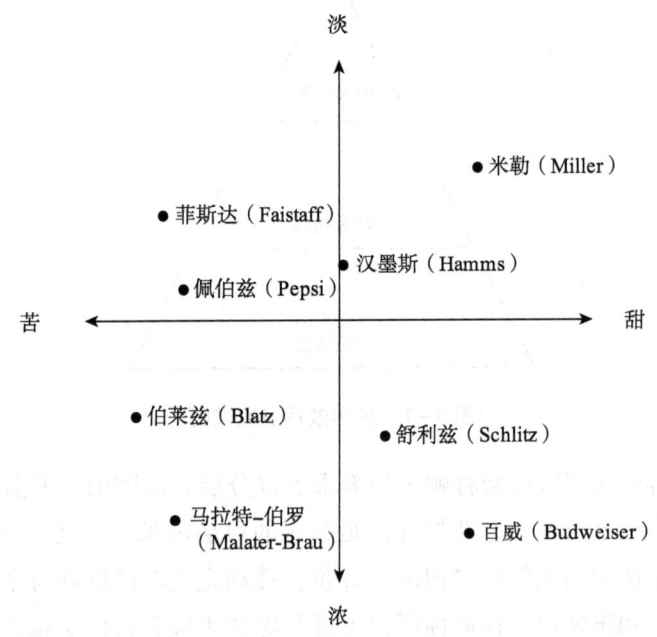

图5-2 啤酒品牌定位图

通过品牌定位图这一定位工具,能够清晰地辨明自身品牌在市场中所处的位置,明确品牌在消费者心目中的差异,在此基础上,对品牌进行定位或者再定位。定位图的应用范围非常广,本章的重点内容会展品牌的定位同样可以依据此法,寻找市场中存在的会展品牌发展空间,让会展品牌更好地进入市场并且持续地发展下去。

2. 品牌定位图的运用

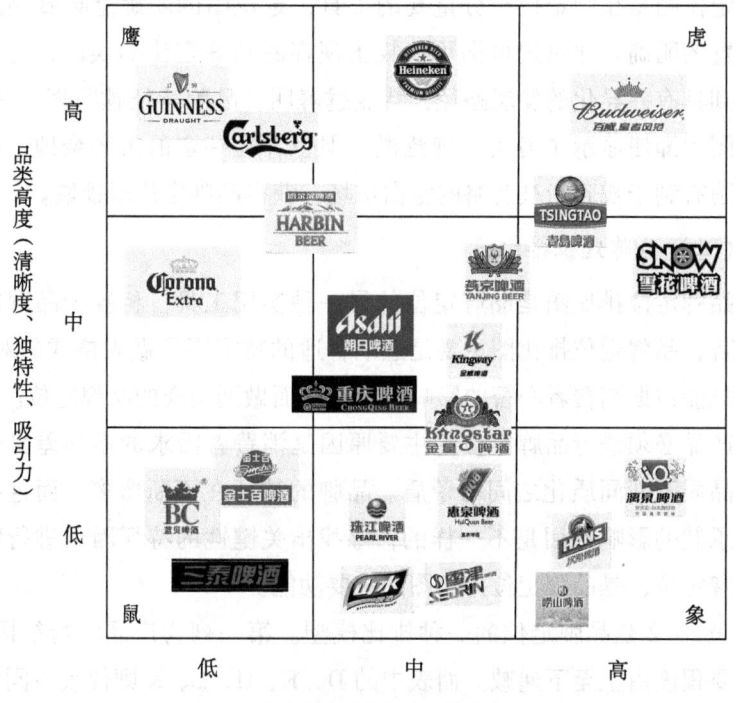

图 5-3　品类高度、品牌强度分析图

如图 5-3 所示,不同的啤酒品牌,其品类高度、品牌强度是不一样的。根据其品牌现状可以将它们划分为"鹰""虎""象""鼠"四类。"鹰"是那些品类高度高、品牌强度低的品牌,它们在市场中与众不同,品牌包含了很多独特之处,但是这种独特性并未转换为巨大的销售力或市场覆盖率。"虎"是市场中的佼佼者,不仅拥有强大的市场影响力、品牌忠诚度高、销量高,而且具有非常独特的定位,这是品牌定位中最理想的位置。"象"拥有很大的市场占有率,但是缺乏独特性,如果有新品牌进入此类市场,此类品牌会受到极大冲击。"鼠"属于地方性品牌,品牌强度低的同时缺乏品牌特性。啤酒品牌分析图表明,品牌所处的位置很重要,品牌诞生之初就应当为其规划好未来的发展路径,或者形成不可撼动的品牌强度,拥有广阔的市场;或者独具特性，具有强大的市场吸引力；或者二者兼得，成为市场的主宰者。

定位图是品牌定位十分重要的工具，定位图的明确意味着品牌市场位置的明确。通过定位图可以找出现存的品牌定位的误区，为品牌寻找到具有差异化的发展路径，特点越鲜明，品牌特征越明晰。另外，定位图中即使显示了各类品牌泛滥，但也存在一定的市场余地，利用定位图有利于找到尚被忽略的空白市场，获得品牌定位新领域。

（三）品牌定位排比图

品牌定位排比图是品牌定位的另一种实用工具，相较于品牌定位图而言，品牌定位排比图主要是选取合适的特征因子做表格式的对比，找出最能占据消费者心智的影响因子，从而做到精准的品牌定位。

产品必须进行品牌定位的主要原因是消费者需求的不断差异化和产品品质不断同质化之间的矛盾。品牌的特征在不断增多，而这些特征所承载的影响效用是不一样的，寻找出关键性的特征因子进行精准的品牌定位，是品牌定位排比图的主要功能。

表5－2是品牌定位的一种排比模型。第一列为产品的特征因子，其重要程度由上至下递减。而表中的D、E、H、L、K则代表不同的竞争品牌。竞争品牌的强度由左至右递增。如"品质"这一影响因子，D品牌的品质可以说是最好的，排在最右边；而H、K、L三个品牌的品质是中等，居中；而E品牌的品质最次，排在最左边。

表5－2　D、E、H、L、K各品牌定位排比（表中"组合"是指产品组合）

重要性	特征	弱 ← 竞争品牌的强度 → 强
高	品质	E　　H　K　L　　　　D
↑	价值	E　　　　　H　　K　D　L
重要性	便宜	D　L　　　　K　H　　　E
↓	组合	E　　L　　　H　　D　　K
低	服务	E　　　H　L　　　K　D
	流行	E　　H　　L　　K　　D

通过品牌定位排比图，可以清晰地看出不同竞争品牌的优劣之处，而影响因子的重要程度则体现了消费者所最为关注的品牌特征。准确地把握这些品牌信息，对于品牌定位具有十分重要的意义。

(四) 品牌定位配比图

品牌定位配比图并不能直接进行品牌定位,品牌定位配比图主要是分析市场上的消费者需求是否均得到了满足,发现未被满足的顾客即发现了产品的潜在市场,然后再通过对这类消费者所注重的产品特征进行分析,进而获得正确的品牌定位。

品牌定位配比图事实上是一种进行市场细分的过程,通过充分了解其他竞争者的优势和劣势以及他们主要满足的消费者群体,从而发现市场空隙,以便寻找目标消费者。例如,电影市场上主流的影片可能是故事片、爱情片等,但不乏电影投资人投资惊悚片。在他们看来,惊悚片的消费者群体虽然极其有限,但消费者群体相对固定,是一类市场未及时满足的群体;投资惊悚片的票房可能十分有限,然而其制作成本也相对较低,综合起来,其投资收益比也十分可观。这类市场就很容易通过品牌定位配比图发现。

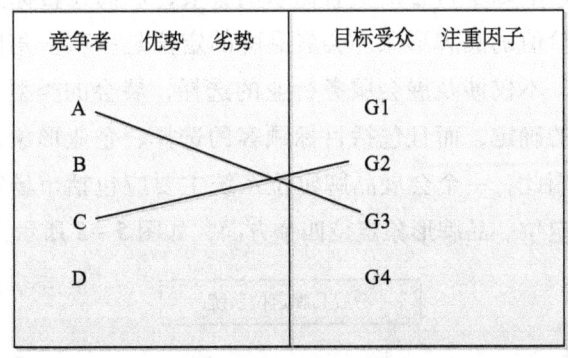

图 5-4 品牌定位配比图

品牌定位配比图的左侧列出竞争者及自身品牌的优缺点,右侧列出细分市场上消费者的需求。经左右配比,定位成功的品牌可以集中服务于某一类消费者,如 A 品牌的产品满足了 G3 类消费者的需求。定位不成功或者缺乏定位的品牌,则游离于消费者需求之外,那一类消费者都不能很好地满足。因此,品牌定位排比图是品牌定位和品牌校正的有力工具,能够为品牌定位和再定位提供依据。

本节从品牌定位的演进理论入手,全面地介绍了品牌定位演进的过程,并且创新性地将品牌定位识别理论归纳为品牌定位演进过程的第四阶段,让品牌定位的演进过程更加符合逻辑。然后重点陈述了品牌定位应当遵守的四项原则:消费者导向原则、差异化原则、个性化原则、动态调整原则。同时,本节对品牌定位的策略以及工具进行了介绍,这些内容对于指导会展品牌定位同样具有重要的作用,因此在本书中对此内容做了较为翔实的讲解,以期读者能够触类旁通,体会会展品牌定位与品牌定位二者之间的共性,从而将这部分理论运用到会展品牌定位之中。

第二节　会展品牌定位

会展品牌定位是创建会展品牌的关键,它是针对目标市场,确定、建立一个独特品牌形象的过程和结果。其实质是针对目标市场的需求,创造出一个影响因子符合消费者需求的会展,从而在目标企业及观众心里创造有价值的品牌形象。会展品牌的定位是一项多角度、全方位的系统工程,不仅涉及展会服务行业的选择,展会的类型、规模、价格、服务等的确定,而且包括目标顾客的选择、企业形象、营销形象等的定位,因此,一个会展品牌定位系统主要应包括市场定位、产品定位、顾客定位、品牌形象定位四个方面,如图5–5所示:

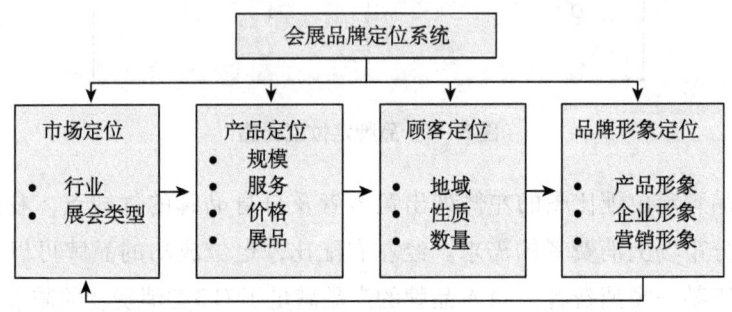

图5–5　会展品牌定位系统

会展品牌定位虽然具有会展行业的特殊性,但也符合品牌定位的一般性特征。因此,在进行会展品牌定位的系统工程之前,应当充分地尊重品牌定位的四大原则，以保持会展品牌的活力。同时，品牌定位中的"利益"定位策略、所使用的定位工具，也可以为会展品牌所借鉴。

本节将会依据会展品牌定位系统，从会展市场定位、会展产品定位、会展顾客定位、会展品牌形象定位四个方面阐述会展品牌定位的关键。

一、会展市场定位

市场定位是指会展企业对目标市场的选择，即根据行业的特性，对市场进行细分，确定品牌可以并且能够建立定位的目标市场的过程。会展企业在进行市场定位时，应着眼于企业未来的长期发展，选择发展前景良好的、有利于企业发挥自身优势和利用优势市场资源的目标市场。

市场定位应从展览会的类型入手。根据不同划分标准，展览会可分为不同的形式。如从内容上看，展览会分为综合性展览会和专业性展览会；从市场类型上看，可分为国内展和出国展。对于参展企业，是定位综合展，还是定位专业展，主要视企业的规模、经济实力、生命周期、发展战略以及展会所服务的行业的特点等而定。一般来讲，定位专业展，是一些小型会展企业、处于发展初期阶段的会展企业或进入新地域市场的大型国际会展企业的选择。而定位综合展，则是一些正在走向成熟的大型综合会展企业的选择。从会展的形式来看，品牌会展会更关注行业高端会议的召开，从以前放任型、粗放型的简单展览到"会议+展览""会议+会议"的形式转变。品牌会展的市场定位也有专业化的发展趋势，从简单地吸引人气到限制人流，为专业观众保留空间的方向转变。

另外，品牌会展往往代表了某一行业发展的前沿，因此，进行战略性、超前性的市场定位也是会展品牌成长的关键。会展品牌的前瞻性市场定位主要是瞄准潜力市场，即能够体现行业发展方向、参展商、供应商、政府组织者以及参展观众的价值诉求的某一细分市场，它通常具有较强的专业性、前沿性和升值空间，因此，一些品牌会展会被称为行业的晴雨表,它们总是能够实时跟踪会展所属行业的最新动态,不断增强会展的生命力。

二、会展产品定位

产品定位是企业对举办什么样的展会以满足特定市场需求的决策。产品定位是品牌定位的支撑,是塑造会展品牌的基础,没有准确的产品定位,品牌定位将成为"空壳"。一般来讲,会展产品定位应该包括以下内容。

(一)规模定位

规模是产品定位应首要考虑的因素,展会的规模定位主要是确定展会展出面积的大小、参展商和参展观众的数量的多少。一般而言,应根据展会所属行业的性质来确定展出面积,之后确定参展商和观众的数量。展出面积与参展商和观众的数量之间要形成合理的比例,参展商和观众的数量不能过多,以免造成展场过于拥挤,影响展出效果。

(二)服务定位

服务是会展品牌竞争力提升的内在因素,服务的好坏直接关系到展会的成功与否。会展服务的定位包括确定展前、展中、展后所提供的一系列服务项目和内容,以及制定切实可行的服务标准。会展企业要根据参展商和观众的切实需求安排合理的服务项目,以便提高顾客满意度。要注意的是,会展服务的定位要根据企业自身的实力而定,不能为吸引参展商和观众把服务水平定得过高,以至于因达不到设定的服务水平而降低在参展商心目中对品牌的可信度。

(三)价格定位

会展的价格主要指展出场地租金和门票费。对于不同的展会类别,价格定位的侧重点应有所不同,如对于贸易展,重点应在于确定展出场地租金;而对于消费展,除展出场地租金外,门票的价格也需要重点考虑。会展的价格应当定得尽量合理,过高或者过低的定价都会对会展造成影响。如定价过高,而参展商和参展观众没有感受到与价格相等或者超额的价值,他们会认为此会展的性价比不高而选择其他同类会展。反之，定价过低，降低会展品牌的档次，也有自降身份之嫌；同时，门槛过低也会加大会展的人流量，增加参展商甄别买家的难度以及会展的整体负荷。

（四）展品定位

品牌会展之所以能成为品牌无外乎两点，一是优越的服务，二是优质的产品。其中，优质、前沿的展品是品牌会展的核心。因此，展品的定位对于会展品牌的定位也十分关键。展品定位指确定参展企业展品的档次、等级、类别，要围绕目标观众的类别而定。展品的档次是衡量展会质量的一个重要因素，一个展会不能什么档次的展品都可以展出，以免造成鱼龙混杂的情况，使展会混乱无序，损害展会的形象。

（五）会展举办地与举办时间的选择

举办地点的选择也是会展产品定位的一个重要因素，主要包括两方面：一是会展举办地区或城市的选择，主要根据地区或城市产业发展状况、城市基础设施和旅游环境等因素进行选择；二是会展场馆的选择，主要根据场馆的条件、场馆拥有者的服务等因素进行选择。举办时间的选择一般需要根据行业、展会的类别而定，主要是确定展会举办的时间及展期的长短。

只有在充分考虑会展规模、服务、价格、展品以及举办的地点和时间等因素的情况下，才能对会展产品做出最合适的定位。这一定位将影响会展品牌定位的方方面面，是会展品牌定位的核心。

三、会展顾客定位

品牌定位必须以顾客需求为导向，没有一定的忠实的顾客，就不可能有品牌定位。因此，顾客定位是会展品牌定位系统的一个重要组成部分。

顾客定位是对参加展会的目标顾客——参展商和参展观众的选择，包括参展商和参展观众的地域、行业、数量的确定。展会的最终服务对象是参展商和观众，因此，会展企业在进行品牌定位时，要重点对市场上的参展商和观众进行正确、客观的分析，要从理性消费和感性消费两方面来考虑，了解参展商和观众对展会的需求特征，以参展商和观众的满意为根本，并能满足他们的长远需求，只有这样会展品牌才有发展的潜力。

在品牌营销理论中有一条著名的"二八定律"，即20%的核心消费者为企业带来80%的盈利。事实上，这一观点也适用于会展品牌。在会展顾客定位中，会展企业首先要抓住的是20%的核心参展商和参展观众的心理，获取他们的心智资源才是会展品牌化的开端。

会展顾客定位不仅是对会展"顾客"的定位，同时也是对他们参展需求的定位。一般品牌参展商期望展会活动为他提供一个拓展市场影响力和增进业界高端市场信息交流的平台，专业观众期望在品牌会展上能够看到某一行业或者某一区域内最具代表性、最高端或者最具活力的品牌。这些参展顾客的需求，也是进行会展顾客定位的关键。为参展商搭建信息交流的平台，邀请他们所需要的高端人士来参会；为专业观众邀请一些行业研究教育及培育机构来参展，以便更好地展示行业发展前沿。当然，品牌会展也应当关注到"特殊"顾客的诉求，这些特殊顾客主要指行业协会等政府机构，它们的主要诉求是通过会展的举办促进整个行业的发展，提升城市形象。通过对不同类型的会展顾客定位，实现各需求方利益的平衡，能够为会展品牌的有效定位奠定基础，实现会展品牌的可持续发展。

四、会展品牌形象定位

在确定了展会的目标市场、规模、服务以及目标顾客后，就需要对品牌形象进行准确定位，以形成品牌联想，如提起某个展会，就可以让参展商联想到井然有序的展场秩序、舒适的展场环境、高质量的专业观众、工作人员热情的服务态度等，从而实现参展商和观众对品牌的忠诚与依赖，满足企业可持续成长的最终目标。一般来讲，会展品牌形象的定位应主要从产品形象、企业形象和营销形象三方面来设计。

（一）产品形象

展会的形象主要表现在两方面，一是外在形象，主要由展会名称、标识来表现；二是内在形象，主要通过质量和服务来表现。由于展会的质量和服务在本书其他部分有详细阐述，因此，这里主要探讨展会的外在形象。

展会的名称要反映展会的性质和内容，标识要体现品牌价值和理念。由于品牌标识自身能够创造品牌认知、品牌联想和参展商与观众的偏好，进而影响品牌体现的品质和顾客的品牌忠诚度，因此，会展品牌标识的设计应在体现品牌价值的基础上，力争独特、鲜明、简洁、富有时代感。

（二）企业形象

企业形象是指企业整体形象在社会公众心目中的评价、感受及地位，它包括企业的各个方面，即企业文化、管理水平、发展战略、员工待遇、企业产品、企业服务、企业社会地位等。会展企业可通过形象的提高来形成展会的品牌。

会展企业确定企业形象应建立在对会展行业特征的分析和本企业特征的分析基础之上。行业特征是企业形象的外在属性，是确定企业形象的基础；企业特征是确定企业形象的内在属性，它决定着企业形象的定位，企业只有准确地分析本企业的特征才能准确地定位自己的社会形象。一般来说，企业特征包括企业的现在规模状况、经营状况、资金状况、市场状况、人力资源状况、管理体制等。

（三）营销形象

会展品牌的营销是借助广告、宣传资料、新闻、公关、活动等向目标顾客传递展会信息的过程。良好的营销形象有助于增强目标顾客对展会的认知度，提升会展的品牌形象和品牌竞争力。营销形象的定位应主要以顾客忠诚为导向，根据展会的特点，选择合适的宣传媒体，制作风格独特的能够体现企业价值和会展品牌价值理念的宣传手册，来吸引参展商和专业观众，避免盲目的媒体炒作。在渠道的选择上，应当充分利用新媒体传播渠道，通过会展品牌官网、官方微信、微博等平台将会展的消息第一时间传播给受众，提高会展品牌的传播范围与效率。

会展品牌定位是一套系统工程，由会展市场定位、产品定位、顾客定位、品牌形象定位四个方面组成。会展企业要全盘考虑会展活动的方方面面，力求为参展商、参展观众提供最专业和细致的服务。以高品质的会展赢得参展顾客，凝聚会展品牌影响力。同时，会展品牌的定位要保持相对的稳定性，不应随意变动，以免误导参展者，失去品牌在市场上的地位。当然，在市场发展变化的情况下，也应及时进行调整、创新，以满足参展商和观众不断产生的新需求。

第三节　会展品牌定位意义与问题

会展品牌定位是会展品牌成长的基石，良好的定位是会展品牌之路的开端。无论采取何种方式对会展品牌进行定位，都应当明晰会展品牌定位对于会展企业发展的重要意义。同时，会展品牌定位是一项系统性工程，品牌定位不能浅尝辄止，应该时刻保持对会展品牌定位的敏锐度。当然也应当关注到"后定位"时期的问题，保持品牌定位的不偏离，注重品牌定位的可持续性。

一、会展品牌定位的意义

会展品牌定位之于会展企业来说是航向标，能够确保会展企业在市场竞争中保持正确的发展方向，助推会展企业的品牌成长之路。会展品牌定位的意义是十分明确的，总的来说，可以将其归纳为三个方面：一是构建会展品牌市场区隔，形成会展品牌个性；二是深化会展品牌市场认知度，攫取会展顾客心智资源；三是提升会展品牌价值，实现企业发展目标。

（一）构建会展品牌市场区隔

在本书的第三章中详尽地介绍了世界著名会展国家品牌，比如汉诺威的会展品牌是计算机博览会，法兰克福的会展品牌是消费品博览会，慕尼黑的会展品牌是建造机械博览会，纽伦堡的会展品牌是国际玩具博览会。这些会展品牌经过长期的发展形成了会展品牌市场区隔。而会展品牌定位的要义就在于将企业的会展品牌与其他会展品牌进行有效的区分。

会展品牌定位在充分分析现有的会展市场格局的情况下，为会展企业指明定位的方向，使企业不致落入激烈的会展品牌竞争之中。会展品牌定位能够为会展企业找到市场上参展商和参展观众还未被满足的需求，发现会展行业潜在市场，为会展企业寻找事业发展的会展业蓝海。会展品牌定位还能树立鲜明独特的品牌形象，让会展企业在同业竞争中占据一席之地。同时，会展品牌定位能促进会展城市的发展，有利于会展名城的建设。在会展业的发展过程中，最终的发展方向是一项知名的会展品牌能够代表整座城市的形象，形成会展之都的城市名片。中国的博鳌镇就是一个很好的例子，博鳌作为亚洲论坛的永久性会址，以高端的国际会议进行品牌定位，推动了博鳌镇整体的发展，形成了博鳌镇区别于海南其他地域的市场区隔。这说明良好的会展品牌定位，能够为城市形象建设添砖加瓦，增强城市个性，推动城市品牌营销，提升城市发展竞争力。

（二）深化会展品牌认知度

根据品牌学理论，构成品牌认知的基础元素有差异性、相关性、尊重度、认知度。差异性代表品牌的不同之处，差异性越大，表明品牌在市场上同质化程度越低，品牌就更具有议价能力。这种差异性不仅表现在产品或服务特色上，也体现在品牌的形象方面。相关性代表品牌对消费者的适合程度，品牌的相关性强，意味着目标人群接受品牌形象和品牌所做出的承诺，主观上愿意尝试和接近。尊重度代表消费者如何看待品牌，关系到消费者对品牌的感受。当消费者接触品牌进行尝试性消费后，会印证他们的想象从而形成评价，并进一步影响到重复消费和口碑传播。认知度则代表消费者对品牌的了解程度，关系到消费者体验的深度，是消费者在长期接受品牌传播并使用该品牌的产品和服务后，逐渐形成的对品牌的认识。

会展品牌同样适用此理论。会展品牌定位有利于深化会展品牌的认知度。会展品牌定位决定了会展品牌认知的基础元素：会展之间的差异性、会展品牌与参展商和参展观众需求的相关性、会展品牌为参展商和参展观众所带去的参展体验以及他们通过参与会展所最终认知到的会展品牌。

精准的会展品牌定位能够深化参展商及参展观众对于会展品牌的认知度,从而提升会展品牌的知名度。所谓品牌知名度,即指会展项目的参展商和观众知道或者想起某一品牌并进而知道或者想起某一项目的能力。品牌知名度分为四个层次:"无知名度、提示知名度、未提示知名度、第一提及知名度。"要逐步提升会展品牌知名度,就是要使会展品牌逐步从"无知名度"走向"第一提及知名度"。好的定位是会展品牌成功的开端,拥有良好的会展品牌定位有利于深化品牌认知、形成品牌知名度,为会展品牌打造最具有影响力的无形广告。

(三)提升会展品牌价值

强而有力的会展品牌定位,能够为会展品牌创造出积极的品牌联想,增强参展商及参展观众对于会展品牌的忠诚度,提升会展品牌价值,实现企业发展目标。有效的会展品牌定位,能够在扩大品牌认知度的基础上,助推会展项目的销售、招展和招商工作;在会展行业竞争中形成企业核心竞争力,促进品牌会展进一步发展。

良好的会展品牌定位,能够创造积极品牌联想。所谓品牌联想,即指项目的参展商和观众能记忆与该会展品牌相关的事情,包括有该品牌引起的项目类别、项目品质、项目服务、项目价值和顾客利益等。主办方要努力营造积极的品牌联想,强化会展项目的差异化竞争优势,提高目标参展商和观众参展的兴趣和热情。

良好的会展品牌定位还有利于提升品牌忠诚度。所谓品牌忠诚度,即指目标参展商和观众对会展品牌的感情度量,它揭示了目标参展商和观众从一个品牌转向另一个品牌的可能程度。目标参展商和观众对一个项目品牌的忠诚度越高,他们就越倾向于参加该展会。品牌忠诚度是会展项目品牌最为核心的资产,也是在进行项目品牌策划所努力追求的核心目标之一。拥有最多品牌忠诚度的参展商和观众的会展项目,必将成为该行业中最为著名和最具影响力的品牌会展项目。

因此,会展品牌定位是会展品牌发展的关键,它对于会展品牌的差异化发展、不断成熟以及价值的提升都具有极其重要的意义。精准的会展品牌定位能够有效地占据参展商及参展观众的心智资源，让企业会展品牌发展成为行业品牌的佼佼者，为会展企业获得更多的品牌价值回报。

二、会展品牌定位应注意的问题

纵观我国形形色色的会展品牌，能够在人们心里留下深刻印象的可谓凤毛麟角。品牌理念的普遍模糊化，使会展品牌的差异化优势难以显现；品牌定位上的失误，造成会展品牌属性的淡化，在市场上缺乏持续的竞争力，结果就是"各领风骚三五年"。

（一）会展品牌定位切入点偏离，缺少核心价值

在中国的会展业中，中低端的会展特别多，而"高大上"的会展很少见，这与国外的现状恰好相反。以会展王国德国为例，德国某一行业的专业展览往往只有一到两个，不会太多，但是每一次展览都十分盛大，能吸引来自世界各地的行业精英。同时，在举办展览时，往往会套有该行业的高端、前沿会展，以引领行业的发展。在国内很难见到如此高水准的会展，常见的就是服装展、车展、土特产展，这些展览规模小、举办层次低、可替代性强，根本就不具有市场竞争力。以车展为例，全国各地车展数不胜数，但是车展的品牌定位切入点都显示出明显的偏离，车展上不主要展示"车"的性能，反而是香艳美丽的车模成了人们参观车展的主要动力，这是一种典型的本末倒置。因此，提炼会展品牌的核心价值是会展品牌定位的关键，企业在分析市场需求的基础上，应当将会展产品的独特性以及参展商或参展观众的诉求明晰化并加以突出，使参展商和参展观众对该会展品牌有明确的定位。

（二）忽视会展品牌定位管理

一个会展品牌定位完成后，并不意味着会展企业就可以坐享其成，俗话说"创业难，守业更难"，在瞬息万变的市场中，会展企业如果不根据市场的变化、需求的变化进行及时的调整和不断的创新，缺乏持

续的品牌形象维护，再合理的品牌定位都将变得不合理，从而导致会展品牌在竞争中衰亡。

会展品牌的定位不是一项一次性的工作，它同样遵循品牌定位中的动态调整原则，需要在参展商与参展观众需求的不断变化中加以调整，进行再定位，从而更好地满足他们的需求，在参展商及参展观众心理上留下良好而充满活力的品牌印象。

会展品牌的定位也需要良好的维护，维护主要体现在会展品牌的传播与会展品牌定位的评估中。这些内容在之后的章节中均有描述，这里简单地介绍一下会展品牌定位的评估。会展品牌定位的评估可以参照品牌定位中的排比图工具，将企业所拥有的会展品牌与同行业的其他会展品牌作对比。通过对会展品牌中最为重要的影响因子进行列表排序，从而找到企业所拥有的会展品牌所处的竞争位置。同时，可以观察是否存在参展商和参展观众的需求未有得到满足的状况，会展企业可以及时调整品牌定位，嵌入这一细分市场。运用品牌定位排比图得出会展品牌定位可以改进的空间，并在实践中加以创新性的调整，完善会展定位，增强会展品牌的市场竞争力。

（三）会展品牌定位缺乏整体规划

会展品牌定位缺乏整体的规划主要体现在三个方面：品牌诉求点过多、品牌定位缺乏一致性、品牌定位缺乏系统性。

首先，会展企业在宣传自身品牌时往往贪多求全，这造成的结果是传递给参展商和参展观众的印象多而杂乱，反而不能突出会展的主题，会展品牌缺乏鲜明的个性。在第一节品牌定位中就强调了消费者的认知和记忆能力是有限的，一个产品可以具备多种功能，但是若将多种优势都传达给消费者，反而会使消费者无法承受。同样，在会展品牌中，会展可能具备众多的功能，能为参展商和参展观众提供很好的服务，但是为了使会展品牌个性化、明晰化，会展企业应该极力地推出会展品牌最主要的特征，或者是行业最前沿的会展，或者是行业内最专业的会展，等等，突出自身的最佳优势，用一个最明确的诉求点吸引参展商和观众。

其次，会展企业为了追求短期利益，对品牌的定位往往会偏离对会展发展的长远规划，没有正确地分析该会展的内外资源以及营销环境，随意改变会展品牌定位，造成品牌的形象变化多样，缺乏统一和连贯性，使参展商和参展观众无法对会展品牌形成清晰的认识。

最后，会展品牌定位是一个系统化工程，会展企业应结合企业的长远目标，通过长期的策划和维护，逐步建立该品类的强势会展品牌。但现实中，会展企业往往偏重会展品牌形象定位，而缺乏对会展品牌产品、顾客等的定位，致使品牌定位不完整。或者某些会展企业同时经营多个会展品牌，盲目地对会展品牌进行延伸，却缺乏对多个品牌的有效管理，使品牌形象弱化，品牌资产贬值。

第六章　会展品牌形象设计

我们知道品牌会展是指具有一定规模，能代表该行业内的发展动态，能反映行业的发展趋势，能对该行业有指导意义，具有较强影响力的展会。但是要想会展品牌深入人心，就必须依赖会展品牌形象的确立与传播。会展品牌形象既是对会展品牌的外化性的诠释，也是会展品牌深入到参展商与参展观众心目中的品牌印象。从品牌形象到会展品牌形象是一个概念的借入融汇的过程，本章将从会展品牌形象的含义、定位、创立、识别等方面逐层深入，对会展品牌形象设计进行整体性的介绍。在此，需要明确的是，会展品牌形象的识别能用来确立会展品牌的市场价值，而通过高识别度的会展品牌形象能够推动会展品牌的建设。

第一节　会展品牌形象概述

随着现代会展经济的不断发展，各式的会展也如雨后春笋，一应而起；但是，在现今市场不规范、办展管理不严格的背景下，怎样能使自己举办的会展突出重围，得到参展商与参展观众的青睐，这成为会展策划者最需要思考的问题。品牌化或许是办展者的唯一选择，而会展品牌形象的设计、创立，则对会展品牌的未来发展有着极为重要的意义。

提及品牌形象，大多数人会联想到该品牌特定的标识、色彩等；这也证明了品牌形象即该品牌存在于目标受众头脑中的印象。而会展品牌形象即会展所留给参展商及参展观众的相关印象及联想。了解会展品牌形象,需要从三个方面着手,首先是品牌形象的概念,其次是会展品牌形象的含义,最后应当了解建设会展品牌形象有何意义。

一、品牌形象的概念

品牌形象这一概念虽然早已提出,然而这一概念在其发展中也存在一个演变的过程,开始,人们对品牌形象的认知囿于品牌的各种因素上,如品牌属性、名称、包装等。如纽曼(Newman,1957)所言:品牌形象可能包括这些方面:功能的、经济的、社会的、心理的……通过风格化给广告物建立品牌形象与产品的其他方面一样存在着局限性。

随后,人们对品牌形象有了进一步的认识。利维(Levy,1978)从心理学的角度对品牌形象的概念进行了分析,他指出,品牌形象是存在于人们心目中的关于品牌的各个要素的图像及概念的集合体,主要是品牌认知及人们对品牌的主要态度。此时,人们对品牌形象的认识开始转向心理学。

罗诺兹和刚特曼(Reynolds & Gutman,1984)从品牌策略的角度提出:品牌形象是在竞争中的一种产品或服务差异化的含义的联想的集合。这个概念指出,品牌形象是人们对其产品或服务的一种情感体验及印象。

斯兹(Sirgy,1985)提出,品牌应该像人一样具有个性形象,这个个性形象不是单独由品牌产品的实质性内容确定的,还应该包括其他一些内容……至此,人们对品牌形象的认识进入到品牌的个性层次。

帕克(Park,1986)等人提出:品牌形象产生于营销者对品牌管理的理念中,品牌形象是一种品牌管理的方法。他们认为任何产品或服务在理念上都可以用功能的、符号的或经验的要素来表达形象。

艾克(Aaker,1991)将品牌形象和品牌资产与负债联系起来,他指出品牌形象即企业的资产,良好的品牌形象有助于品牌资产增值。

在此之后,许多学者也对品牌形象的定义从各自学科的角度进行了界定,但基本上是在以上基础上进行延伸。总的来说,品牌形象就是一个综合性的概念,它是存在于目标受众头脑中的对于该品牌的印象及主动性联想,它受到主观感受、感知方式等因素的影响。

二、会展品牌形象的含义

在了解品牌形象之后,我们可以将其概念延伸到会展品牌形象中。由此,会展品牌形象可以定义为:参展商及参展观众在接收到相关会展品牌的信息后,对其进行感知、体验、选择和联想,从而形成他们头脑中的品牌印象。会展品牌形象是对会展品牌的外化性展示,是对会展品牌意义的积极体现及对会展品牌符号的诠释。

会展品牌形象的概念可以分为三个层次:会展品牌信息构建,会展品牌信息的传输,受众的感知、体验、选择、联想。

会展企业为从其他同类企业中脱颖而出,将致力打造良好的品牌形象。会展企业在提供会展服务时,会更加注重提升服务质量,体现本企业优势及独特性,力求在参展商及目标参展观众心目中树立优质的会展品牌形象,这一过程为会展品牌信息构建。而存在了会展品牌的信息后,就涉及传输;会展企业将通过广告、公关等形式将会展品牌形象进行传输。受众在接收到相关信息后,将对会展品牌信息进行一系列的感知、体验、选择、联想等过程,然后得到会展品牌印象,即会展品牌形象。由此可见,会展品牌的信息构建是塑造会展品牌形象的基础,会展品牌信息传输是会展品牌信息与受众之间的纽带,而受众的感知等过程是会展品牌形象最终形成的决定因素。

创立会展品牌形象首先必须构建会展品牌信息,即设计出能代表会展品牌的符号、名称和图案以及它们的组合。这些代表会展品牌的符号、名称和图案以及它们的组合,要能承担起以下四种功能:

第一,展现功能。这是会展品牌形象最重要的一个功能,会展品牌形象主要就是展现给参展商及参展观众的,通过这一功能,会展能将本身价值进行传输、展现,从而体现其品牌号召力、凝聚成品牌重要的无形资产。

第二,区别功能。品牌在设计命名、符号时,要注意与其他同类会展进行区分,务必使这些命名、符号、设计具有独特性;在建设品牌时,务必确立品牌的核心价值,核心价值通过品牌的符号进行外化,将极具区分度，从而形成强大的品牌竞争力。

第三，沟通功能。会展品牌形象是会展与参展商、参展观众进行有效沟通的代码。品牌将有关本会展的各种信息浓缩在一起，作为与其他同类会展相区别的标志，参展商和参展观众则将品牌作为一种对会展的速记符号储存于大脑中，作为他们理解和选择特定会展的对象。

第四，承诺功能。会展品牌具有一定的品牌效应，参展商和参展观众一般认为品牌会展能够给予他们一种承诺，选择相应的会展，他们的需求与愿望将得到满足，他们的利益将得到保证。

能承担以上四种功能的会展品牌信息是构建良好会展品牌形象的开端；此外，还需要好的媒介渠道进行传输，这一点将在下一章具体讲解；最后是会展参展商及参展观众的接收。在这里，我们必须明确会展的品牌形象是留存在参展商与参展观众头脑中的印象及其联想，具有主观性；因而会展品牌形象的设计应该关注会展品牌形象这一信息的接收者，以参展商及参展商的诉求为核心。

会展品牌形象的价值是由参展商及参展观众决定的。因而，在设计会展品牌形象时，应该努力以参展商和参展观众为核心，让他们了解我们的会展具有哪些优势、能为他们带来什么，着力打造一个他们想要的会展；而非一味地主观地去设计、建设会展。我们设计会展品牌形象就是为了在会展与参展商及参展观众之间架起一座沟通的桥梁，使参展商及参展观众能顺利、有效地了解我们的会展品牌，从而为会展的举办赢得更多品牌知名度。

三、塑造会展品牌形象的意义

会展品牌形象的塑造具有极其重要的意义，这主要体现在其诠释会展品牌形象、传递会展品牌价值方面。

（一）提升会展品牌知名度

良好会展品牌形象的塑造，能够提升会展品牌的知名度。首先，会展品牌形象有助于建立会展品牌的公众知名度，提升该会展品牌在整个社会中的公众知晓率；其次，会展品牌形象的塑造能够提升该会展品牌在整个会展业中的知晓率及影响率，使其成为会展业该会展类别中的翘楚；最后，积极的会展品牌形象能够迅速提升会展品牌在目标受众中的影响力。

（二）增强会展品牌传播度

会展品牌形象是会展品牌的外化，能够使目标受众更好地理解品牌会展的内涵及价值。合理地推广会展品牌形象能够有效地增强会展品牌传播的穿透力，能够提升会展品牌的传播影响力，从而使该会展品牌赢得行业话语权、更具竞争力。

（三）赢得会展品牌美誉度

会展品牌美誉度是指会展品牌所获得的业内及参展商、参展观众、公众的信任、支持和赞许的程度。会展品牌的美誉度反映的是会展品牌对社会影响的好坏。塑造成功的会展品牌形象，能够帮助会展品牌获得良好的社会口碑，从而赢得会展品牌美誉度、提升该会展品牌的社会竞争力。

（四）培养会展品牌忠诚度

会展品牌形象的好坏可以使参展商及参展观众决定是否选择该会展，因此，塑造良好的会展品牌形象有利于吸引参展商及参展观众，从而使其选择该会展；并且品牌会展可以通过提供优质的展会服务，赢得目标受众的心，从而形成会展品牌偏好，培养其会展品牌忠诚度。这样一来便建立了会展品牌与目标受众之间的友好情感联系，能够使该品牌会展因获得忠实的受众群体而具有强大的生命力及市场号召力。

第二节　会展品牌形象定位

一个成功的会展得益于它精准的定位，也可以说好的定位能够成就一个品牌会展。而作为会展品牌的外延，展示给目标受众的会展品牌形象同样需要定位。这一定位，能够使会展品牌所传递的形象与会展定位保持一致。成功的会展品牌形象定位，能够更好地输出会展品牌理念，使会展的品牌形象更加深入人心。而会展品牌形象的定位，也有相应的定位步骤，当然，在定位过程中，我们可以采取一定的定位策略，使定位更加精准，让会展品牌形象更能传递品牌信息，从而实现其价值。

一、会展品牌形象定位的步骤

会展品牌形象定位是指为会展品牌形象树立特色、寻找合理的市场切入口。其目标是为参展商及参展观众提供一种具有市场区隔的、可辨识度高的品牌形象。在会展品牌形象定位过程中，必须要注意会展品牌形象更多的是作为一种"传播""沟通"工具，因而在为其定位时可以遵循以下定位步骤，以期获得最佳品牌传播效益。

第一，细分市场，确定目标受众。随着我国会展业的发展，许多会展正从大而全转向专业会展，因为专业会展能够吸引到更专业的参展商及参展观众。而这样一个趋势，也要求会展企业对市场进行细分，寻找到自己所面向的目标受众，做到精准服务。那么，会展品牌形象定位所确立的细分市场应该是关注该品牌会展的相关企业及观众。会展品牌形象最终由参展商及参展观众决定，因而其定位应该是目标受众导向型的，根据他们的需求及反映进行品牌形象定位及再定位，以满足他们的期望。

第二，树立个性，建立会展品牌区分度。会展品牌形象定位不是对会展定位的简单重复，它是在会展定位的基础上赋予会展自己的个性，建立会展品牌区分度；这种个性就是品牌为产品附加的价值主张、意义和想象空间。品牌的个性通常比会展特征具有更好的系统脉络，它常常被整合成一套系统的陈述，作为对会展品牌名称和标志语的解释和补充。会展品牌形象的个性能够更好地说服参展商及参展观众，使他们积极投身到该会展之中，认为自身个性与本会展品牌个性存在契合，即一种共性。此时，他们将把此会展品牌与其他会展品牌进行区隔。

第三，以会展定位为依托，进行会展品牌形象定位。事实证明，很多会展在塑造会展品牌形象时，一味求新、求异而忽视了会展品牌本身的定位。我们必须树立一个观点，即会展品牌形象定位是基于会展定位、会展品牌定位的；它通过对会展定位的深入了解，明确会展目的，而塑造相应的会展品牌形象。会展品牌形象的塑造是为了更好地体现会展及会展品牌的定位，因此，在进行会展品牌形象定位时，必须以会展、会展品牌定位为依托；对其进行外化性的诠释及升华。

第四，对会展品牌形象传播内容进行面向受众的处理。会展品牌形象取决于参展商与参展观众的记忆及联想，因而会展品牌形象传播的内容是进行会展品牌形象定位时所必须考虑的问题。一方面，制作精良的会展品牌形象内容更容易被目标受众所接受；另一方面，以受众需求为出发点的会展品牌形象定位在传播中更具有亲民性，它能够很好地拉近参展商、参展观众与会展之间的距离。

第五，创造差异，体现价值。会展品牌形象定位的差异化策略，主要针对的是会展竞争对手。在会展同质化十分严重的情况下，创造会展品牌形象的差异，能够成功地突出重围，与会展竞争对手拉开差距；并通过差异化的会展品牌形象定位，凸显自身会展品牌优势及价值。

以上所讲的只是进行会展品牌形象定位的一般步骤。由于不同的会展其市场地位各不相同，在进行会展品牌形象定位时，可能只需要其中的几个步骤进行组合即可。因此，在给特定的会展品牌进行定位时，应当遵循具体问题具体分析的原则；对会展定位、会展品牌定位进行深入理解，从而制定出能将会展品牌形象深植于目标受众心目中的定位。

二、会展品牌形象定位的策略

一般来说，会展定位的方法可以分为：特色定位、利益定位、功能定位、竞争定位、品质价格定位等，这些定位的方法具有通用性，能够为会展品牌形象定位所用，也能够用于其他定位之中。而会展品牌形象定位由于更多地受目标受众的影响，具有主观性，因而在总结会展品牌形象定位策略时，我们应当更多地考虑目标受众的接收能力，同时应当兼顾市场状况，以便寻找市场缝隙，进行最合理的会展品牌形象定位。在本书中，归纳了四点在会展品牌形象定位中更具操作意义的定位策略。

(一) 提炼直击人心的会展品牌理念

会展品牌形象的定位，最重要的是找到与目标受众的切合点，让他们更好地接受这一会展品牌形象。若以会展定位、会展品牌定位为基础，以目标受众需求为导向，提炼出能直击目标受众心理的品牌形象，这样的品牌形象定位一定是精准的，也是目标受众乐于接受的。如享誉世界的山西平遥国际摄影大展，在会展品牌形象定位时，就创造性地提出了"古城+摄影"这一会展品牌形象定位点。一座充满韵味的历史古城，一种现代的光影交错，二者的融合极具创新意义，深深地打动了参展观众的心，也传递出最具吸引力的品牌形象。故而，会展企业在品牌形象定位时，应突出个性，努力寻找一个深入人心的品牌理念。

(二) 抢占先位，建立该类会展代表身份

抢占先位策略，主要是从心理学的角度提出来的。在心理学上，人们往往有一种先入为主的刻板印象。首先，在进行会展品牌形象定位时，抢占先位意味着参展商和参展观众会先入为主地认为，该会展是该品类会展中的佼佼者，参与此会展将会给其带来更多的利益。其次，会展品牌形象定位时抢占先位，更容易建立行业领先者的品牌形象身份。最后，抢占先位的会展品牌形象塑造策略，也便于会展品牌形象的推广，如驰名中外的广交会，就在其宣传推广中自称"中国第一展"，这样的会展品牌形象定位，使广交会更容易塑造良好的会展品牌形象。上述足以证明，抢占先位意味着在会展业中的先机，如果能很好地把握，就能成功地建立该类会展代表的身份。

(三) 集中优势资源，选择合适目标市场

集中优势资源，也是会展品牌形象定位中非常重要的策略。这一策略体现的主要是分众，即锁定本会展最有可能吸引到的参展商及参展观众。由于现在的参展商及参展观众对会展的专业要求越来越高，他们要求展会为他们提供更为专业细致的服务。集中优势资源、选择合适目标市场；便于会展品牌形象定位"正中靶心"、成功定位，也能为会展品牌形象的传播增加穿透力。因此，会展在进行品牌形象定位时，一定要集中突出自身的优势资源，以锁定目标参展商及参展观众。如果一个会展企业在品牌形象定位时，未能明确自己的优势资源、选择合适的目标市场，最终的结果只能是，这一会展品牌变得平淡无奇而毫无吸引力。

（四）重视视觉传达，深入目标受众心理

会展品牌形象定位的最终目的是传达给受众良好的品牌形象，在这一传达过程中，必须考虑到以何种形式，受众能更好地接受。所以说品牌形象的定位不仅是内涵与价值的定位，也应当是传递形式的定位。在这里引入视觉概念，主要是贴近读图时代的要求；做好的内容，也需要好的传达方式使其更具表现力。

在会展品牌形象定位中，需要特别注意造型、色彩等方面的视觉传达效果。造型被称为"视觉的语言""抽象概念的形象化表达"，在会展品牌形象定位时考虑到造型所具有的生动、直观的特性，能够更好地凸显会展品牌形象。色彩一方面能传递出会展品牌形象的美感，另一方面也能帮助目标受众从会展的主体色上辨别出会展的特色。例如：湖南卫视以"快乐中国"为品牌形象定位，在定位时就选择了芒果黄这一青春活泼的色彩，这一品牌形象成功帮助湖南卫视从同一级的省级卫视中脱颖而出；浙江卫视的中国蓝也有异曲同工之妙。因而，在会展品牌形象定位策略上，视觉传达是一个需要重点考量的因素，它有利于会展品牌形象推广、深入目标受众心里。

第三节　会展品牌形象创立

会展品牌形象是存在与目标受众头脑中的关于会展品牌的印象及联想，它是为更好传递会展品牌信息而提出的，在有了一个精确的定位之后，我们可以着手创立面向参展商及参展观众的会展品牌形象。

一、创立会展品牌形象的原理

在研究国际上一些著名的品牌之后，会发现尽管这些品牌千差万别，但它们都存在着一些共同的特点，比如说：每个品牌都拥有十分

丰富的内涵、独特的识别标志、明确的品牌个性和一套紧贴顾客需求的价值体系。这些特点增强了它们在市场上的竞争优势。

国际著名品牌所拥有的上述共同特点，也是创立会展品牌形象需要努力的基本方向。因此，策划会展品牌形象要遵循下述基本原理：

首先，创立会展品牌形象要为会展品牌建立一套具有实质性的、紧贴顾客需求的价值体系。会展品牌形象不单是给参展商及参展观众观赏的，更重要的是，需要它从形象中传递出会展的内涵与核心价值。创立会展品牌形象，就是要让该形象为会展品牌说话，让品牌成为会展形象的代表。会展品牌为此必须要有特定而丰富的含义，不能空洞和流于形式。没有特定而丰富的含义，会展品牌就退化成一个普通的标签，它就无法向参展商和参展观众传达品牌内涵而变得毫无意义。

其次，必须明确界定会展品牌的识别标志。创立会展品牌绝不仅仅是为会展设计一个 Logo，提出一个宣传口号，而是要在为会展界定一些基本问题的基础上，解决这个会展"是什么"的问题。要解决"会展是什么"的问题，就必须要在弄清楚会展的目标市场，结合会展的定位，了解目标参展商和参展观众的期望的基础上，明确这个会展为什么要存在、会展的核心价值是什么、会展要带给参展商和参展观众怎样的利益、被品牌折射的客户有哪些问题等，向参展商和观众参展传递一个可以明确将本会展与其他会展区别开来的识别标志。

最后，务必确定会展品牌传播的基本性策略。会展品牌形象是会展品牌在参展商和参展观众头脑中的印象，是会展品牌在参展商和参展观众心理上的折射，会展品牌必须通过立体性的传播才能有效传达给参展商和参展观众，使参展商和参展观众对会展产生积极认知。所以，创立会展品牌形象，要对适合会展品牌传播的广告、公关策略有所规划，要明确品牌的标志语言和沟通的范畴。

二、会展品牌形象战略

会展品牌的内涵主要是依托会展品牌形象进行传递的，故而，创立会展品牌形象具有十分明显的意义。会展品牌形象在创立过程中，除了遵守上述的一般性原理，也应当借助一些有益的品牌形象战略。

品牌形象战略是从品牌战略中延展而出的，其中的一些战略也是从中借鉴的。著名的品牌战略大师大卫·艾克根据大量的市场营销调研得出的结果是品牌对于消费者的存在重要的影响，良性的品牌传播，将会形成品牌资产，有助于企业的市场营销。与此对应，他提出品牌战略对于品牌深入人心具有十分重要的意义。

关于品牌战略，已经形成相对成熟的研究，在本节中，将结合会展品牌形象实际，着重探讨三个对会展有实际意义的会展品牌形象战略。

将品牌战略与会展品牌形象进行比照后，本书认为，以下三种战略将有助于会展品牌形象的创立，推动会展企业的长足发展。

（一）个别名称品牌战略

本战略是通过赋予每一个会展一个独有的品牌名称，树立区分性的会展品牌形象，通过对它们进行不同的市场定位，给予它们不同的市场期许，来实现各个会展的独立发展。这样的策略有利于依赖市场区隔而占领各自不同的细分市场；同时，由于品牌的相对独立性，各会展的会展品牌形象就没有联系；会展企业有足够的资本可以在新的领域上进行拓展冒险，开拓那些成长性很好的市场。当然，即使某一个会展的品牌形象不怎么成功，也不会波及其他会展。

（二）分类品牌战略

分类品牌战略就是会展企业对其所举办的不同类别的会展分别命名的一种品牌形象策略。这种策略考虑到对于不同的类别的会展来说，不宜采取同一品牌形象策略，否则容易混淆，也难以区分其品牌形象所代表的该类会展的品牌含义及价值。运用此种战略的优势在于，首先，不同类别的会展都能享受会展企业品牌所带来的品牌光环；其次，由于类别不同，建立的分品牌形象，又可以各个击破，渗透该分类会展所面向的市场；最后，分而不散，容易在多项操作中统一和规范会展的营销模式。

（三）伞状品牌战略

伞状品牌战略是一种完全的单一品牌策略，就是在不同题材的会展上冠以同一个品牌，是一种统一类别的家族品牌策略；这些会展的目标市场和定位可能都不一样，其品牌形象的创立也许单独进行。伞状品牌策略适用于那些与原会展有较高关联度的新会展，有利于集中办展机构的资源来培育会展品牌，建立容易亲近的会展品牌形象，消除参展商和观众对新会展的不信任感。但是伞状品牌战略的运用也容易产生负面效应，比如削弱会展企业品牌的影响力，会展品牌形象的创立的单独进行也会增加运营成本。延伸越多，品牌的杠杆力可能变得越弱。因此，往往要借助品牌识别系统来确保创立的会展品牌形象鲜明而能够深入人心。

创立会展品牌形象的战略虽然脱胎于品牌战略，但是根据品牌形象构建中存在特有差异而进行了适应性变化，形成能够被会展品牌形象所运用的相关战略，能够将会展品牌形象树立得更生动，而更能为目标受众所理解、接纳。成功地运用以上战略同时也能帮助会展企业节省会展品牌形象树立成本，控制举办新会展的成本，推动一系列的会展品牌形象的创立。

第四节 会展品牌识别

形象识别理论，又称形象管理或形象战略设计理论，它是一种集管理学、心理学、市场经济学、公共关系学等于一体的新兴管理交叉学科理论。最初运用于企业，即人们常说的企业形象识别（Corporate Identity System，简称CIS）。

CIS理论最早出现在20世纪初，由美国著名设计师雷蒙德·罗威、波尔·兰多提出，主要内容由理念识别系统（MI）、行为识别系统（BI）、视觉识别系统（VI）三部分组成。CIS形象识别系统所包含的内容之间是各有功效，相互配合，相互作用，不可分割的。一个好的CIS通常被企业界公认为是塑造企业形象的重要手段和策略，并作为协助企业长期开拓市场的利器使用，运用于企业形象建设和发展的全过程。

会展品牌识别是由会展品牌理念识别、行为识别、视觉识别等部分组成的，目的是向会展参展商及参展观众传递会展品牌信息，让他们更好地识别会展品牌，促进会展一系列工作的开展。在认知会展的过程中，参展商主要是通过会展品牌识别系统来感知会展品牌的内涵及价值的。会展品牌识别系统，能够使会展品牌定位及会展品牌形象深入人心；规划好会展品牌识别系统，将对会展品牌、会展品牌形象的塑造及传播起到巨大的促进作用。

一、会展品牌识别的来源

会展品牌识别能使会展的目标参展商及参展观众认知会展的理念、行动和符号，它承载着会展企业对目标受众的期待，包括他们对会展的认知、联想。会展品牌识别是在结合会展的市场定位、传播策划策略、品牌定位和品牌形象的基础上，经过系统化后提出的一套促进会展品牌形象传播的整体性策略。

会展品牌识别主要来源于会展本身以及与会展有密切关系的其他四个方面，如办展机构和会展广告策划等。

（一）会展

会展本身就是会展品牌识别的来源，会展本身的特有的定位、举办的规模、参展商及参展观众构成、展会类型、展会特征以及会展的核心价值等，都是会展品牌识别系统建立的重要参考因素。在今夕会展识别系统的构造过程中，我们可以依据本会展的优势，结合自身特色，做出一个面向目标受众的会展品牌识别系统，这样的识别系统因为首先考虑了受众的理解接受因素，因而将更大地发挥会展品牌识别系统的效用。

（二）会展象征物

会展象征物是一些能给参展商及参展观众带来联想的因素，它是会展品牌识别的重要因素；它包括会展的品牌名称、Logo、标识语、标准色及标准字等。这些象征物的出现，往往会使参展商、参展观众产生心理暗示或者联想。合适的象征物能够代表会展品牌，并用一种直观的、更具亲和力、表现力的方式向目标受众传达会展企业的意思。

（三）办展机构

一般来说，会展的办展机构包括主办单位、承办单位、协办单位、支持单位等。如果一项会展的主办单位是政府机构或者著名的社会组织，那么，这就是会展品牌的"招牌"；而会展的承办单位是一个具有丰富办展经验的企业，那么，参展商及参展观众将更倾向于参加此类会展。足以证明办展机构也是会展品牌识别的重要因素。

（四）会展传播策划

会展的传播策划主要是指会展的传播途径，主要包括会展的广告策划、公关策划等；这些也是会展品牌识别的重要来源。在会展的实施过程中，办展机构会利用各种传播渠道宣传其会展品牌，有效的广告策划、公关策划都有助于参展商及参展观众了解会展品牌信息。因此，会展传播策划也是会展识别的来源，并对目标受众识别会展具有重要意义。

二、会展品牌识别系统

上述会展品牌识别来源是策划会展品牌识别系统的重要依据。会展本身、象征物、办展机构、传播策略等来源让我们意识到，一个完善的会展品牌识别系统，需要了解会展本身、办展机构等对于办展的理念，需要了解会展企业将如何服务会展，需要了解有关会展的象征物，还有各类传播的形式，最后我们还将对会展做出评估，以帮助之后办展积累数据。根据CIS形象识别理论，正文将从以下五个方面构建会展品牌识别系统：会展理念识别、会展行为识别、会展视觉识别、会展听觉识别、会展评估。

（一）会展理念识别

会展理念识别主要包括：会展定位、会展品牌形象定位、办展方式、会展价值、客户利益、会展规范、会展发展策略等。它是会展理念的外化，体现的是会展的核心价值。会展理念识别对于会展品牌识别系统的构建具有极其重要的意义，它是会展识别系统的基础、核心，对于会展本身的发展也具有极重要的意义。

会展定位向参展商及参展观众诠释会展是什么样子的，能为其提供何种服务；会展品牌形象定位则一方面强化会展定位，另一方面能通过运用品牌形象传递会展价值；办展方式向参展商及参展观众展示的是会展办展的一些基本规则；会展价值则体现会展价值的导向及价值的大小；顾客利益则提示参展商及参展观众参加本会展将获得何种服务及参展价值；会展规范明确了参展过程中须注意的各种规章制度等约束条件；会展发展策略则起到一种提示会展前景、进行会展预期、展望的作用。会展理念识别的具体内容进一步向我们说明，会展理念是构建会展品牌识别系统的核心，对于会展理念的认同感，将驱动会展的市场热情，为会展赢得更多参展商及参展观众。

会展的理念识别规划主要是规划会展的一种整体的精神、核心的概念性的东西；它不同于会展定位、办展方式等具体执行方案，它更像是展示办展理念的基本原则。因此，会展的理念识别常常被归纳总结为一段或几段精辟的文字来表示。

会展的理念识别规划是关系到会展发展和会展品牌形象的活动，它不是由办展机构的某一部门或其外部的某一公司来单独制作规划出来的，它是在有办展机构的高层管理者的参与下进行的。由于会展理念识别规划的重要性，在会展的实际操作中，会展理念识别规划的有关理念须得到办展机构高层管理者的认同、传播。一旦会展理念识别规划完成，办展机构也须从整体上完整地执行这一会展理念识别系统。

（二）会展行为识别

会展品牌行为识别主要包括会展服务、会展营销、会展礼仪、会展工作人员的行为、会展现场活动等。它是会展理念识别的外在体现，它通过一系列的行为实践会展品牌理念。

会展服务主要是会展主办方为参展商及参展观众提供的各种专业的会展服务，让参展商及参展观众感受到参与会展的价值所在，在会展中顺利地实现自身利益。会展营销则通过立体的营销方式及营销渠道，实现会展品牌形象的传播、会展整合营销的意义。会展礼仪、会展工作人员等方面，首先是工作人员对于自身会展的自我认可，然后通过自身行为、礼仪传达给目标受众，从而对会展品牌传播实现软性营销。

会展的行为识别规划是对一种身体力行的会展品牌理念体现的规划，它是一种自我营销的手段。会展行为识别将会展理念这一概念性的东西，外化为有形的行动，让参展商及参展观众得到真实的体验，从而更好地理解会展品牌。但是，会展品牌识别在实施过程中一定要注意以会展理念识别为依据，以确保塑造的识别系统具有一致性且更具识别性。

（三）会展视觉识别

会展视觉识别主要包括：会展的环境设计、会展Logo、会展标准色、会展标准字、会展标准信封和信笺、会展企业形象设计、会展广告设计等。它主要是会展理念在视觉传达方面的体现，它的最主要功用就是以外化的品牌形象传递会展识别理念，通过外部的视觉冲击，使参展商及参展观众对会展建立直观印象。

会展环境设计将是参展商及参展观众到达会展目的地之后，最先、最直观的体验。恰当的会展环境设计将给人以良好的参展体验，如果能配合出色的会展标识、标志语，将使会展受众产生十分积极的会展联想；再者，在会展上使用的标准色、标准字等则体现的是办展的专业水准，同时可以通过这些纸片体现会展的细致服务；这一系列的会展视觉传达都提高了会展的可识别性，塑造了会展品牌的专业、细致的会展品牌形象。

在会展视觉识别的规划中，必须做到四点，即目标性、视辨性、美观性、合法性，这是进行视觉传达的基本要求。目标性是指会展的视觉识别不能脱离会展的定位和会展的品牌形象定位，要以准确地传播会展品牌形象为目标；视辨性是指会展视觉识别要能被大众所理解，要符合办展当地的风俗习惯，不犯禁忌；美观性是指会展的视觉识别不仅在工程上要具有可行性和经济性，还要美观、简洁、大方；合法性是指会展视觉传达的有关符号、图案等要符合办展当地的法律，不能违反有关法律规定。会展视觉识别的规划做到以上四点，将更有助于会展品牌识别，推动会展深入参展商及参展观众的心里，得到高的市场识别度、认可度。

（四）会展听觉识别

会展听觉识别主要包括会展的品牌名称、标志语、广告用语、会展标识音乐等，它们从听觉方面感染会展的目标参展商和观众，传播会展的品牌形象；是通过声音以及主要以声音为主要传播手段的媒体来展示会展的一种方式。在会展的会展品牌识别策划中加入听觉识别规划的内容，对于会展参展商及参展观众更好地认知会展有很大的作用。

据有关资料显示，人们对于通过视觉得到的信息的记忆，在3小时后只能记住72%，3天后只能记住20%；但是，对于同样的信息，如果人们是通过视觉和听觉的结合来得到的，那么，在3小时后能记住85%，3天后还能记65%。不难看出，会展的听觉识别对于强化参展商和参展观众对会展的印象有着十分明显的作用。会展听觉识别虽然不如会展理念识别、会展行为识别重要，但是会展品牌识别系统是一个整体，会展听觉识别在这一整体中确实具有重要意义，能够推动会展品牌更好地得到市场的识别。

（五）会展评估

任何一个系统工程的开展都需要进行最后的评估，因而本书在会展品牌系统建设中加上了会展评估，目的是使会展经验、会展数据得到更好的利用。会展评估是对会展活动的展览环境、工作效果等方面进行系统、客观、真实、深入的考核和评价，并做出权威的反馈。它是会展整体运作管理中的一个重要环节，是对主办单位、参展商和会展主管部门三方负责的执行性活动。

会展评估主要可以从三个维度思考：第一，以会展本身服务为评估对象，对会展的整个流程进行考量；第二，以参展商及参展观众为评估对象，对会展服务进行考察；第三，以会展相关数据为评估对象，建立会展服务数据库。

以会展本身服务为评估对象，对会展的整个流程进行考量。这主要是对会展服务进行总结，考察会展的流畅性。流程为：从会展的初期阶段的宣传、招展，到会展举办过程中的各种服务提供（包括停车位、餐饮、媒体空间等方方面面),到会展结束的撤展、信息反馈等。对这个流程的评估主要是为了发现会展流程中预计不足的部分,为之后办展提供经验。

以参展商及参展观众为评估对象,对会展服务进行考察。因为会展服务是面向受众的服务,故而受众的满意度是会展评估的重要因素。通过回访、问卷等形式,收集参展商和参展观众对会展的反馈,以使会展提高服务质量,为他们提供更多的个性化服务,满足他们的多样性需求。这样的评估将更直接促使会展企业提升服务;让参展商及参展观众感受到会展的专业、细致的服务,从而打动他们,赢得良好的市场口碑。

以会展相关数据为评估对象,建立会展服务数据库。在当今大数据时代,谁掌握了更多、更优质的数据,谁就将掌握市场。因而,会展评估的最后必须做数据评估,建立健全的数据库,为办展提供更多数据依据,使办展变得科学化、效益化。

必须指出,会展品牌识别系统的建立,离不开这五点的建设。在会展的发展过程中我们必须重视会展品牌识别系统的建设,以更好、更有效地传播会展品牌,为会展品牌的发展赢得认可度、美誉度、忠诚度。

第七章　会展品牌传播

"传播"一词源于拉丁语communi，传播（communtion）在英文词语方面的解释包含着"传""交流""沟通"三层含义，S. A. 西奥多森和A. G. 西奥多森将传播的概念定义为：传播是个人或团体主要通过符号向其他个人或团体传递信息、观念、态度或感情的过程。

参照A. G. 西奥多森对传播概念的界定，会展品牌传播就是指，会展品牌持有人或团体以某种载体并借助媒介的扩散能力向特定目标群体传递品牌信息并且接受反馈的总称。其中，特定目标群体指与会展活动相关的目标受众，包括参展商及参展观众、媒体、政府机构等；反馈主要指受众对于所传播的品牌信息的接受程度和由此引发的感性反应，如好恶感、认同感、荣誉感等。会展品牌传播的主要途径有广告传播、公关传播、整合营销传播。本章将围绕以上三种主要的传播途径，从它们各自的特点及优势出发，阐述会展品牌传播对于会展品牌的重要意义。

第一节　会展品牌的广告传播

随着社会经济发展和对外交流的增加，中国会展业采用了全球性的开放标准，并成为世界最大的会展活动市场，涌现出一批具有知名品牌的会展企业或展会。会展业从某种程度上说是一种"规模经济"，更是一种"品牌经济"[1]。对于文化企业来说，文化产品的品牌和文化

---

[1] 刘丽君. 中国会展品牌战略研究 [J]. 经济研究导刊, 2012 (34): 203–209.

企业的品牌首先是一种文化意识，是一种追求卓越的精神，而不是一种简单的广告传播形态。❶ 会展品牌的广告传播存在着这样的凝聚力，即聚集了一大群目标受众，其中包括行业人士、潜在目标受众，其广告效应的心理效果是其他广告所不能比拟的。会展品牌要做大做强，必须依靠强大的广告传播。

一、会展品牌广告传播的要素

会展广告作为传播当代文化的一种表现形态，它与今天许多文化传媒一样，不同的是它既是传播媒介，也是传播手段，它采用潜移默化的策略诉诸人们的感性神经，潜意识中唤醒人们意识深处无形、历久不衰的冲动，将企业品牌形象和国家形象嵌入到心中，而后形成忠实的品牌受众。现代会展业融合了产品、品牌符号和名称等多种形式，要在繁多的会展企业中凸显优势，必须清楚会展品牌传播的几个要素。

首先，产品是会展品牌传播的第一源泉，会展品牌通过产品和服务来展示它的独特性。真正的品牌并不仅仅是产品的名称，其包括图形设计、生产、销售及最后阶段的售后服务过程。品牌在这一过程中起激励作用，是伴随着销售给它注入的一些特性，因而这些品牌特性应适应最具代表性的产品上。当品牌融入产品中，品牌特性才会传达某些意义。

会展业包括会议、奖励旅游、大型会议、展览会及节事活动四种形式，会展企业在承办大型活动时的特色服务和品牌名称、符号都在传播，很大程度影响主办方和受众对会展企业的评价。专业的会展服务要求会展企业的整个运作过程迅速高效、服务周到。市场调研、主题方向、寻求合作、广告宣传、招商手段、观众组织、活动安排、现场气氛营造、展会服务甚至会展企业对外文件、信函的格式化都需具备较高的专业水平，从业人员的严谨处事态度也很重要。

其次，会展广告的创意表现元素包含的内容极为丰富，包括文字、空间、色彩、图形等，很难逐一分析，所以只能通过最具视觉效果的

---

❶ 陈少峰，张立波. 文化产业商业模式［M］. 北京：北京大学出版社，2011.

图形和色彩两方面进行初步阐述。图形具有丰富的可视性,是最容易识别和记忆的信息载体,而且它是超越国界、种族间的世界通用语,不论在世界任何角落,人们通过图形都可以进行沟通,图形所载有的信息量远超过了图形载体本身。作为创意表现元素的图形,在视觉传达过程中更为直观、生动和富有表现力,凭借图形在视觉上的吸引力,引起参展者的注意,进而形成广告效应,达到传播目的。2010年上海世博会的Logo就十分具有创造力,通过汉字"世"表现世博会的世界寓意,传递"你、我、他"的世博精神,这一会展广告创意,就为上海世博会的广告传播奠定了良好的素材基础。

色彩是广告创意表现的重要内容之一,作为一种能够强烈而迅速抓住人的感觉的表现元素,色彩具有很强的视觉表现力,是广告信息传达的有力手段,它可以鲜明地展示企业或商品形象,它也是一种个性的魅力。美国广告人托马斯·比·斯坦利曾经指出色彩对广告的主要功用在于:"吸引人们对广告的注意力;完全真实地反映广告的对象;强调商品或宣传内容的重要部分;表明销售魅力中的抽象质量;使广告第一眼就给人以良好的形象;为商品、服务项目或广告制作者树立威信;在人们的记忆里留下更深刻的视觉印象。"

会展品牌广告传播要素中还应当包括会展品牌定位,会展品牌的定位决定了广告所要传播的内涵与价值意义。在会展广告传播中,只有充分明确会展品牌的定位,才能制作出能代表会展水平、展现会展品牌价值的广告,也只有这样的广告传播才能在目标受众心目中有良好而持久的会展品牌形象。

会展品牌广告传播的要素除了以上的内容、图形、色彩、定位之外,还存在其他要素,比如广告制作者水平、现代科技运用程度等都会影响到会展品牌广告的制作及传播。故而在进行会展品牌广告要素考量时,应该尽可能地考虑全面,使制作出来的广告更具可传达性、可接受性、可欣赏性。

二、会展品牌广告的表现形态

广告的表现形态在不同语境下的表现形式不同。广告的表现形态根据传播媒介分类，可以分为：印刷类广告，主要包括印刷品广告和印刷绘制广告；电子类广告，主要有广播广告、电视广告等；实体广告，主要包括实物广告、橱窗广告、赠品广告等。

根据广告进行的地点分类：销售现场广告，指设置在销售场所内外的广告，主要包括橱窗广告、货架陈列广告、室内外彩旗广告、卡通式广告、巨型商品广告；非销售现场广告，指存在于销售现场之外的一切广告形式。根据广告的表现形式分类，主要有：图片广告，主要包括摄影广告和信息广告，表现形式为写实和创作；文字广告，指以文字创意而表现广告诉诸内容的形式，文字广告能够给人以形象和联想余地；表演广告，指利用各种表演艺术形式，通过表演人的艺术化渲染来达到广告目的的广告形式；说词广告，指利用语言艺术和技巧来影响社会公众的广告形式；综合性广告；等等。

会展品牌广告的表现形态中，以上那些各种类型的广告都会涉及，只是在不同情况下各种表现形态的使用选择不同或者使用的比例不同。例如：广交会是一个以现场销售为主要目的的展览会，在会展现场就会出现很多销售现场广告，会展企业会通过会展场馆内的陈列广告、室内外的彩旗广告等来表现会展品牌，突出会展品牌在该会展中的重要地位。也会有参展商在会展场馆内通过体验式广告、表演性广告聚集人气，宣传会展品牌。因此，会展品牌广告的表现形态是多彩多样的，需要会展企业根据自身品牌需求，通过市场调研，制作出最适合自身的会展品牌广告，以达到广告效益的最大化。

在现今的广告中，还出现了主题广告，就是以会展的主旨为广告立意，根据自身优势，以软性广告的方式，进行会展品牌的传播。2010年的上海世博会就是一个大型空间媒体环境，因为规定不能直接宣传自己的产品，故而科技主题、幻想主题、体验主题和公益主题成了新的广告传播思想，实际上也是向参观者展示企业的技术与品牌文化，进而宣传自己。这样的表现形态虽然不如其他表现形态具有直观性，但是由于广告的制作都围绕一个主题，形成了一种具有故事性、主题鲜明的广告形态而具有吸引力，能够让受众留下深刻的印象。

三、会展品牌广告传播的载体

(一) 传统媒体

传统媒体是相对于网络新媒体而言,它一般包括报纸、杂志、广播、电视四种传统媒体。

(1) 报纸。报纸优点在于覆盖面大;权威性高;费用较低;保存性较好;指向性强(报纸不同的版面有各自的读者群,登在相应版面上的广告都很容易找到目标消费者);具有并排性(同一行业的几家广告并排在同一版面上不但不会相互影响,而且更容易引起读者的注意)。缺点在于表现单调;间隔出版,不利于记忆的强化。利用报纸的权威性和覆盖面大的特点,采用高频率的连续刊登或间歇刊登的形式,可以强化受众对会展品牌的认知效果。

(2) 杂志。杂志主要有综合性杂志、专业性杂志和生活杂志三大类。在会展品牌广告中,主要使用的是专业性杂志,会展类的专业型杂志在其领域具有很高的权威性和影响力,它有一批稳定的阅读群体,这部分群体正是会展所要吸引的目标受众。再则,杂志的生命周期长,广告信息可以长时间保存、反复暴露,这样一个会展品牌广告能够在受众心目中形成深刻的印象。

(3) 广播。广播独具时空优势、传播速度快、范围广、不受时空限制、费用较低等优势,广播广告的不足表现在表现手法简单,感染力差,信息杂乱,时间短暂,不易记忆,到达率较低,传播阻碍大。这种广告传播主要可以用在会展信息发布,出现重要新闻的时候,比较具有影响力;且这种广告传播费用较低,和其他广告载体组合使用会取得良好的传播效果。

(4) 电视。会展品牌电视广告的优点在于画面生动,表现手法多样,具有强烈的感官刺激效果;会展品牌信息容易传达给它的目标受众,能加深消费者对会展品牌的认知度。不足表现在此类广告费用较高,时间选择性小;会展广告集中播放,时间短,易受干扰。

(二) 新媒体

数字化催生的新媒体主要包括网络电视、手机电视、楼宇电视、移动多媒体广播等媒介。自美国著名的《热线杂志》首开网络广告先河以来，网络广告就迅速席卷欧美大陆，而且成为当今世界各国家和地区不可缺少的资讯传递通路之一。网络已经成为继报纸、杂志、广播、电视之后的优势媒体。手机移动媒体广告推送也成为当今流行的广告传播方式，楼宇电视、户外 LED 都用一种极具冲击力的方式向受众传递着广告信息。在会展业发展的今天，会展品牌广告传播必须依赖这些新媒体，才能达到广告传播的立体化、全面化。这些新媒体能够在某种程度上实现点对点传播，能够更好地帮助会展企业锁定目标受众，进行会展品牌广告传播。

近年流行的会展宣传片广告传播，主要依靠的是网络媒体，它通过制作会展品牌广告宣传片，以网络作为传播载体，进行点击播放，以片前广告的形式植入其他网络视频之前，从而达到很好的传播效果。

在当今这个全媒体时代，新旧媒体等不同的传播载体，正依靠自身优势，与其他媒体进行融合而形成一种新的传播形态，在这种传播模式下，多样化的受众可以全方面、立体化地接触媒体，更便捷地获取信息。而会展品牌广告传播也应当充分利用全媒体时代的传播渠道，整合多样化的传播载体，充分进行会展品牌的深度传播，使品牌更加深入人心，形成品牌资产，获得品牌效应。

第二节　会展品牌的公关传播

美国著名公共关系学者卡特李普（Scott M. Cutlip）和森特（Allen H. Centre）认为：公共关系是这样一种管理功能，它能建立和维护组织与公众之间的互利互惠关系，而一个组织的成功或失败取决于公众。美国人莱克斯·哈洛博士认为：公共关系是一种特殊的管理职能，它帮助一个组织建立并保持与公众之间的交流、理解、认可与合作。帮助企业保持与社会同步；它使用有效的传播技能和研究方法作为基本工具。公共关系的职能反映了一个组织需要通过自身的变革，适应目前越来越全球化、多元化的社会，它是贯穿于组织生存与发展全过程的一项至关重要的战略工作，其使命也恰恰体现在它有利于协调和维护这个为我们提供了物质和社会需要的社会系统上。

由于会展是一项复杂的系统工程，组织者在实施总体战略过程中，需要协调与政府、合办单位、新闻媒体、参展商、社会公众、内部员工等多方面的关系，以达到良好的产业效应、经济效应和形象效应。因此，如果能在会展的整体运作中成功地实施公关战略，协调和维系与社会各界的多种错综复杂的关系，将为会展品牌赢得各界公众好评，取得良好的社会效果与展览效益，形成优质的会展品牌形象。

一、公共关系功能在会展活动中的体现

公共关系功能在会展活动中的体现主要体现在三个方面，一是公共关系为会展收集信息、提供决策依据；二是公共关系为会展提供多面展示、推介效用；三是公共关系在会展中维系多方、实现会展价值。通过公共关系功能中这三个子项功能的实现，将促使会展得到更充分的展示、赢得更多的关注，实现更大的社会效益及经济效益。

（一）公共关系为会展收集信息、提供决策依据

美国管理学家西蒙说：管理就是决策，而决策的前提正是信息。[1]一项会展活动的展开，离不开有效的展会信息，公共关系的实施可以通过各种渠道为会展活动的顺利开展收集一切信息，为会展招展、宣传等一系列活动的科学化决策提供强有力的保证。收集信息包括会展会展企业战略环境信息、会展品牌的市场声誉信息及会展企业形象信息等；通过公关，收集整合此类信息是会展活动成功的前提，它服务于会展活动的展前、展中、展后；为会展活动的可持续发展奠定基础。

（二）公共关系为会展提供多面展示、推介效用

公共关系功能在会展活动中的体现，首先是会展活动通过公共关系建立并保持与公众之间的交流、理解、认可与合作。良好的公共关系将向会展参展商及参展观众展示良好的会展品牌形象，传达会展企业优质服务的社会形象。公共关系能够通过多种渠道直接或者间接地

---

[1] ［美］赫伯特·A. 西蒙. 管理行为［M］. 北京：机械工业出版社，2007.

展示会展、传播会展，使会展品牌达到令人满意的传播效果，起到良好的推介作用。公共关系不同于广告，如果说广告是一种直接的传播方式，公共关系则是通过一种更具亲和力、更能深入受众心理的方式进行会展品牌传播。同时，公共关系所建立的会展品牌意义将超越会展本身，形成一种品牌溢出效应，它能够成为一种城市的名片，进而以会展为基点，撬动整座城市的发展。

（三）公共关系在会展中维系多方、实现会展价值

公共关系功能在会展活动中的体现，还表现在成功的公共关系能够维系多方联系，实现会展价值。举办会展本质上的意义即为各方创造交流、交易平台，传递业内最新信息。公共关系活动能够维系办展者与参展商、办展者与参展观众、参展商与参展商、参展商与参展观众、参展观众与参展观众等群体之间的联系。公共关系在办展者与参展商、办展者与参展观众之间的实施能够加深参展商、参展观众对于办展者的情感依赖，建立办展者在参展商、参展观众心目中会展品牌印象，实现会展价值；公共关系在参展商与参展商之间的实施，能够为二者提供一个直接、最新、相对全面的信息交换平台，使他们更为全面地了解对方信息、了解行业前沿；而公共关系在参展商与参展观众之间的实施，扩大了参展商的受众群体，同时也为参展观众提供多样化的选择，形成多向沟通；公共关系在参展观众与参展观众之间实施的最重要的目的则是通过参展观众中的"意见领袖"传递会展的正面信息，形成会展品牌良好的市场口碑。公共关系通过在会展不同群体中的运用，将多方关系连接成一个关系网络，从而实现会展价值。

二、媒体公关在会展传播活动中的重要意义

现代会展业的发展依恃多方面的动力，对会展业发展起主要动力作用的因素主要有：国内外会展业发展态势、国内会展发展宏观环境、区域经济及区域基础设施建设、国内发展政策导向及会展业自身条件。而会展业自身条件主要指会展资产，包括人力、财力、物力、地点、传播等方面，其中，在会展传播方面会展公关是一个十分重要子项。

会展公关是指作为传播主体的会展运营组织为了实现会展目标而

针对会展内外部公众开展的一切传播沟通活动。会展外部公众主要包括政府部门、社会团体等各种非营利性组织、各行业参展客户、普通大众以及大众传播媒体。因此，在会展运营组织的对外沟通中，政府公关、客户公关和媒体公关构成了会展外部公关的核心内容。

在会展公共关系客体群中，新闻媒体的地位非常特殊，它扮演着双重角色。一方面，媒体组织本身是会展外部公众，对会展信息有着客观需求；另一方面，媒体组织也是向社会公众广泛传播会展信息、影响公众对会展活动态度及行为的重要中介。

由此看来，媒体公关在会展传播中具有特殊意义，这一意义主要体现在：第一，媒体公关是良好的内外关系传导器，媒体公关的双重角色决定了它能双向性地接受传递信息，沟通会展内外；不仅可以帮助会展运营组织有效地传播会展信息，扩大会展活动的社会影响，在遭遇危机事件时也能够尽量提供正面信息，减小负面信息带来的不良影响，为会展组织挽回声誉、减少损失。第二，媒体公关是促成双赢的连接器，对会展运营商而言，积极展开对媒体组织的公关活动，可以加速会展资讯传播，扩大执行项目宣传，提高展会企业知名度、声誉，从而吸引更多的知名企业参展，促进自身与知名企业合作，使会展运营商和参展商最大限度地实现双赢。

因此，协调和维护媒体关系，最大限度地利用新闻媒体为会展活动服务，是现代会展业良性发展的重要环节。

三、会展媒体公关策略的三大构成体系

目前，我国会展业尚处于发展上升阶段，会展硬软件水平与欧美发达国家相比仍有一定的差距，在服务与管理模式上经验尤为缺乏。会展媒体公关作为会展运营的重要环节，在我国会展业的实践操作中也略显简单、乏力，没有形成一套科学的战略体系。鉴于此，我们有必要建立一套科学而有效的会展媒体公关战略体系。本书认为：科学而全面的会展媒体公关至少应包括三大体系：媒体公关策划、媒体公关执行和媒体公关评估。

(一) 媒体公关策划

媒体公关策划是指在会展活动启动之前，公关人员在充分调查研究的基础上，对媒体公关活动进行整体性的考虑和设计，并完成前期的准备工作。前期策划工作主要包括：建立媒体关系资料库、选择与研究媒体、筹备新闻中心以及前期宣传。

建立媒体关系资料库即对媒体机构和媒体工作人员的资料进行精心的分类整理，这有助于提高交流沟通的效率，同时也为会展的再次举行打下良好的基础。媒体关系资料库应包括媒体机构分类目录、媒体机构内部主要人员资料及通讯录、媒体人员参与会展宣传的历史资料等。对媒体关系资料库应经常性补充、检查、更新，以确保资料的准确性和时效性。

选择与研究媒体是根据会展的内容与性质选择最合适的大众媒体，并充分研究目标媒体的特点，以便与之更有效地沟通。一般来说，媒体人员会根据自己的需要来报道，因此作为会展方应该熟悉目标媒体的编辑意图，配合媒体工作进度提供它们所不能拒绝的新闻素材，关注了解媒体喜欢采用的新闻种类，为媒体人员开展工作提供良好的基础。

筹备新闻中心包括设立实地新闻中心站和设立网络在线新闻中心。实地新闻中心站是在会展现场开辟的专供媒体参加新闻发布会、采访发稿的场所，应配备电脑、传真机、写字台、纸、笔等必要设施以及会展相关资料，以便公关人员与记者及时挖掘会展中具有新闻价值的消息，及时撰写、发布新闻。在线新闻中心则是展前建立的专门网站，全面快捷地反映会展动态、提供会展资料，并为参加会展的各方提供交流的平台。

会展前期宣传工作主要包括广告投放与宣传造势、筹备新闻发布会或记者招待会、准备媒体资料袋等。前期宣传造势除了投放硬广告外，还可以策划多种公关活动，其中与媒体关系密切的包括拍摄与会展相关的历史纪录片并到媒体上播放、通过媒体开展大型的志愿者招募工作、邀请媒体参观会展活动现场等。筹备新闻发布会是会展开始前最后一件重要的工作，其中除了日程上的设计与安排之外，媒体资料袋的准备工作也是重头戏之一。一个完整的资料袋应包括:媒体发布材料或新闻稿、会展背景故事、现场发言稿或演讲稿、照片或图片、发布会流程说明及会展日程安排、出席人员资料等。

(二) 媒体公关执行

媒体公关执行是指会展活动举行期间,会展公关人员进一步执行具体的媒体公关策略,以实现会展传播的目标。配合媒体现场报道、策划组织相关活动以吸引媒体关注以及制造媒介事件,都是会展媒体公关中较常采用的策略。

媒体现场报道通常是会展方授权多家大型媒体进行报道,会展公关人员主要的工作是向媒体提供它们感兴趣的素材。无论是大型会议还是展览,包括一些知名度较高的大型节事活动,一般都会采取立体传播。根据不同媒体的特点和兴趣,向它们提供有价值的信息,在媒体上争取高的曝光率,从而在全社会范围内吸引公众的眼球,是这一阶段媒体公关的重要内容。

策划组织公关活动、进行事件营销,是增加公众参与度、吸引媒体报道兴趣的有效手段。吸引公众和媒体比较有效的办法有会展会徽的征集比赛、与会展内容相关的摄影、征文比赛等;通过此类赛事能够激发受众的参与意识,增强会展活动的体验感。比如:北京奥运会、上海世博会在筹备过程中都曾向社会征集会徽、吉祥物等,通过此类事件公关活动,成功地吸引了海内外媒体的关注,使海内外媒体成为该会展的主动传播者;同时,受众也感受到来自会展主办方的诚意,积极参与到会展会徽、吉祥物的设计中,从而使该会展成为媒体的持续关注热点。通过举办公关活动,会展方不仅扩大了自身的影响力,同时也获得了更多与媒体沟通的机会,大大促进了双方良好的合作关系。

积极策划媒介事件,还可以从媒体人方面入手,积极地邀请媒体人参与到公关事件中,那么,他们将获得更直观的体验,从而给出最能打动社会的报道。此外,在策划媒介事件的过程中也可以通过邀请名人参与,而增强会展的号召力。当然,也可以选择公益事件营销,在参与公益事业已经成为人们衡量企业良心、企业高度的重要评价标准的时代，将所举办的会展与公益事件进行结合，能够充分地引起人们的好感，形成社会性话题，从而赢得媒体的主动关注。

(三) 媒体公关评估

媒体公关评估是指在会展结束后，对会展媒体公关的效果进行一个量化的评估，它是对媒体公关策划及媒体公关执行是否行之有效的检测；媒体公关评估是媒体公关策略构成体系中不可或缺的部分。但在实际操作中，完成媒体公关评估具有挑战性：其一，会展业缺乏媒体公关评估意识；其二，媒体公关评估在我国并不十分成熟，没有较为科学的评估体系指导。在媒体公关中，衡量媒体公关效果的标准理应包括：媒体的报道是否有利于会展的举办、是否为会展吸引了一定的参展商和参展观众、是否促成会展活动经济行为、是否为会展赢得社会品牌认知等。根据以上评估标准，可以将会展媒体评估分为以下四个步骤：媒体公关评估标准的确定、媒体公关评估实施、媒体公关评估结果分析及运用、媒体公关相关资料存储。

开展任何一项评估，都需要有科学的评估标准做参考。确定媒体公关的评估标准，可以考虑以下几项指标：媒体覆盖率、报道内容正负比、报道所占版面比、发行量、各界反应等。具体来说包括：新闻的覆盖率、目标受众到达率、新闻报道中正面报道与负面报道比、全面报道与摘要报道比、重点报道与一般报道比、报道的版面位置和播出时间的重要程度、媒体的层次与发行量的大小、网站的点击率、公众对会展的来电、留言、来信多少等。通过对这些指标的调查统计与分析，一定程度上可以真实反映会展媒体公关的效果。

评估标准确定后，便可以实施媒体公关评估。实施评估即根据评估标准展开调查、统计、分析。这一过程通常是授权专业的调查公司加以实施，在条件成熟的前提下，会展公关人员也可自行完成。一般来说，可以选择一定数量的受众和媒体人员进行市场调查，采用问卷、访谈等方式，征求他们对指定问题的意见、态度、倾向，再做出统计、说明，分析公关活动的效果。针对媒体的调查，可以从媒体的角度看会展方与媒体的沟通是否顺畅、会展方是否给媒体带来利益、是否能将所有活动、信息准确无误地传达给媒体等；针对受众，可以从是否通过媒体宣传知晓会展、通过哪些媒体知晓、哪种媒体对受众知晓影响最大等因素进行调查。

媒体公关评估的一个重要步骤就是对收集到的评估信息进行分析与运用，这一分析通常运用专业的分析软件来进行统计分析，从而便于实施评估方从数据中读到所需要的有用信息。评估的结果对于媒体公关策划的改进具有重要意义，它能使公关策划更具科学性；同时有利于吸收本次公关的教训，指导下一次会展媒体公关的顺利实施。

调查评估完成之后，应保留所有的媒体公关的资料。这些资料包括新闻报道、展览报道和广告中与媒体交叉促销的文件副本、记录，所有印刷品、录像带、音像品和其他媒体资料的副本，所有出版物的副本，等等。这些资料不仅是会展媒体公关的纪实，同时也是会展企业与媒体合作的证据，这将为会展企业之后与媒体合作提供合作参考标准及媒体公关方向。

第三节　会展品牌的整合营销传播

会展业是一个典型的具有集聚效应的产业，已成为当今经济领域的一个新兴热点产业。随着会展产业的快速发展，在其发展过程中也或多或少遇到一些突出问题。例如在传播方面，由于传播的对象模糊、传播的手段单一、导致传播效果不明显等问题，浪费了众多资金和资源，已严重影响了会展业品牌的构建。如何减少会展项目中传播的无效投入，提高传播的效果，帮助会展项目主体更充分、更具创造性地运用传播，树立品牌形象，已成为一个迫切需要解决的问题。

1993 年，美国西北大学 D. E. 舒尔茨教授等人出版了整合营销方面的重要著作——《整合营销传播》，并宣称现在已经进入了一个广告的新纪元。❶ 该书强调由生产导向转入消费者导向后，过去的"消费者请注意"已被"请注意消费者"取代。整合营销传播是一种以消费者为出发点的新的经营理念和传播方式，主要内容有三：一是强调从消

---

❶ ［美］唐·E. 舒尔茨. 全球整合营销传播 [M]. 北京：中国财政经济出版社，2004.

费者需求出发，研究消费者需求和欲望，以沟通观念代替促销观念，从沟通意义上开展传播活动。二是强调把广告、公关、CI、促销、包装、新媒体等一切传播归属于广告活动，使企业能将有关信息统一口径地传播。三是强调营销的前提是传播，需要追求传播效果的最大化。整合营销传播理论把企业的一切活动都作为传播与沟通，以强调消费者为中心，"用一个声音"说话。

整合营销传播的一个重要特征就是品牌至上，其实质就是整合品牌传播。整合传播被认为是当今信息社会最有效的传播方式，也是品牌传播、品牌形象塑造最有效的手段。

一、整合营销传播在会展品牌传播中的意义

会展品牌传播，主要指会展企业或会展活动主办机构通过各类媒介将会展品牌的相关信息向社会群体传播的一种信息传播活动。将整合营销传播应用于会展品牌传播，不仅应保证所传播的各类会展活动信息一致，而且要求各种促销工具及传播媒介必须整合运用，其在会展品牌传播中的意义主要有：

1. 传播对象的具体化

整合营销传播是依赖于精确的顾客信息而开展的传播活动，会展企业或会展主办机构能够通过"滴灌"❶的方法对目标客户进行广告传播，这一营销方式不仅能减少因传播对象不明确而造成的"人、财、物"的浪费，还能够做到根据不同层次的客户，进行不同层级的广告推广，深度挖掘目标客户需求，提高广告传播效果。

2. 传播手段的丰富化

整合营销传播即利用多种传播方式，博采众长，优化传播。在当今，广告的方式日趋丰富化，整合营销传播所能利用的手段也更为丰富，运用整合营销传播的方式能够将单一的传播方式多样化，提升传播效果。另外，优化多项传播方式能够有效地减少传播成本。

---

❶ 滴灌是借用农业术语，指整合营销传播具有极高的传播对象针对性。

3. 传播效果的显性化

多种促销工具和媒介的组合运用，可以使会展信息整合成一股合力，最大限度地影响目标客户。因为多种传播手段的整合使用，可使传播的范围逐渐扩大，让更多的消费者了解展会的信息。同时，许多消费者也可接收到多种传播手段传达出的展会信息，使得传播效果更加明显。

4. 传播形象的统一化

整合营销传播强调"多种方式（渠道），同一个声音"，在这一传播思想的指导下，会展品牌的传播是一种统一性的传播，这包括会展品牌的定位、会展品牌的形象等一系列关于会展品牌的内容都体现出高度的一致性，这样统一化的会展品牌传播更有力量，能够更好地将会展品牌形象推送到目标受众心里。

二、整合营销传播在会展品牌传播中的运用

整合营销传播在会展品牌传播中的运用，主要包括三个方面的内容，即定位、促销工具组合的选择、传播媒介的选择。

（一）整合营销传播在会展品牌传播中的定位

定位是会展品牌传播运用整合营销传播的第一步，即确定传播内容的核心思想。它主要包括以下内容：

1. 主题定位

一是要善于挖掘会展的内涵。在确定会展品牌传播的主题时，要善于挖掘品牌所承载的文化内涵，会展所包含的文化、生活意蕴。例如：2012年第12届平遥国际摄影大展以"回归·超越"为展会主题，以一种时空错位的方式展现摄影的魅力，吸引了国内外的摄影爱好者参与到会展中；为会展的成功举办吸引了人气，同时也成功地进行了会展品牌营销。

二是要重视参展商和观众的接受度。会展在不断创新，会展主题的新思想、新理念也层出不穷，在应用时一定要考虑到参展商和观众的接受问题。如第十四届武汉国际汽车展览会，以"擎动荆楚，驾驭未来"为主题，这一定位首先给武汉国际汽车展览会进行了地理上的

定位——"荆楚";然后注重参展商与参展观众的需求,突出汽车被"驾驭"的特征,以参展观众驾驶汽车即驾驭未来为卖点,凸显了此次会展的主题,也博得了参展观众的青睐。

三是要善于引导参展商和观众的需求。主题定位不但要满足消费者的需求,而且还要引领消费者的需求。例如,第二届深圳国际智能交通与卫星导航位置服务展览会,以"智能交通开启城市智慧位置服务引领社会需求"为主题;不但适应现代智慧城市的发展理念,而且也是今后技术发展的方向,有效地引导了参展商和观众的需求。

2. 形象定位

主题定位是通过企业形象识别系统(简称CIS),即企业理念、企业行为和视觉来完成的。在进行会展品牌传播时,要树立统一的展会形象,传达统一的展会信息,就必须要对会展品牌进行形象定位。企业形象识别系统主要包括:

一是理念识别系统(简称MI),它是CIS的核心。会展企业需要树立系统化、现代化的理念识别系统,才能够很好地将内在的企业文化、品牌思想等传达出来。

二是行为识别系统(简称BI),以MI为核心和根据。在会展品牌传播中,可分为内部和外部的应用。一般而言,内部应用包括员工的培训、礼仪、服饰、体态、语言等,如宣传推广人员或展台人员的着装要求、语言训练等;外部应用则包括公共关系、公益活动等,如举办新闻发布会、慈善晚会或捐助仪式等。

三是视觉识别系统(简称VI),它是CIS中最关键的一部分。它主要包括展会名称、标志、标语和口号等,并直接面向参展商和参展观众,所以,它质量的好坏就决定着企业营销传播的成败。因此,在进行传播时,一定要落实好每一个画面的每一个细节,彰显出展会的独特魅力。

(二)整合营销传播在会展品牌传播中的促销工具组合

整合营销传播是指统一运用促销工具,使之产生协同传播作用的活动。为达到会展项目传播的目标,往往需要运用各种促销工具,并按市场需要进行有效的组合。

1. "用一个声音"说话进行会展项目传播

会展项目传播要素众多,若没有很好地对其进行有效整合,势必会浪费很多的资金和资源。因此,要求所有的传播要素都秉承相同的传播理念,树立统一的展会品牌形象,传递统一的展会品牌信息,会展企业就必须保证广告传播所传递的信息是一致的,即会展品牌传播必须"用一个声音"说话。

2. 广告在会展品牌传播中的运用

广告有告知、宣传和说服的功能。会展广告按时间节点可划分为展前广告、展中广告、展后广告。

展前广告主要用于宣传展会或参展商的信息,以吸引观众参展。因此,在进行广告宣传时,需综合考虑观众的需求及市场环境等因素,来确定广告发布的时间、内容、媒介、频次等;展中广告主要是为了现场告知或激发消费者购买,所以在展会现场一定要利用各种有效的方式来吸引观众,并使得消费者最终达成交易;展后广告主要用于宣传此次展会所取得的成绩,对会展利益相关者进行告知,同时为下届展会举办奠定基础。

3. 公共关系在会展品牌传播中的运用

公共关系在会展品牌传播的过程中,效果十分显著。它不仅可以帮助企业更好地建立信誉,塑造形象,也可以帮助企业协调关系,传播沟通。在会展品牌传播中常用的公共关系手段包括借助新闻媒体进行宣传、举办活动建立或维护与新老客户的关系、举办或参与公众活动等。其中运用最为广泛的是借助媒体进行宣传,这不仅可及时地将展会信息传递出去,还可吸引更多观众的关注。

公共关系与广告进行组合运用,或与数据库进行组合运用,都能够发挥积极作用,但必须保证所有传播工作都围绕"同一个声音"。

4. 数据库营销在会展品牌传播中的运用

数据库营销一般表现为直邮广告或直投广告。拥有强大功能的数据库对进行会展项目传播是非常重要的。数据库营销可以单独使用,也可与广告、公共关系配合使用。因为数据库为其他销售促进工具提供强大的技术支持,使得广告、公关的对象更加明确,这样不但为企业节省了费用，也提升了传播效率。而广告、公共关系结合数据库，不仅增强了与客户的沟通，而且也使数据库营销的效用得到更大的发挥。

总之，会展项目传播中各促销工具的整合运用已经成了一种趋势。在进行促销工具组合时，一定要切实做到"用一个声音"说话。

（三）整合营销传播在会展品牌传播中的促销工具组合选择

1. 要结合会展品牌的特点进行选择

不同的会展有着各自不同的特点，其主题及定位等也有所差异，在选择促销工具组合时，会展企业应予以充分考虑。展会的主题、定位及内容决定了目标客户的身份，大众物品的消费者是工薪阶层，而高档物品或专业性较强的物品，其消费者就是富贵一族或专业人士。例如，服装展是面向大众，其促销工具可以选择较为常用的降价、打折等形式。而奢侈品展更多的是面向富人一族，其促销工具选择时就应该选择一些高品位、高档次的活动，如红酒会、雪茄会、舞会等。

2. 要结合会展企业自身经济条件进行选择

广告传播是一种付费的传播活动。在进行广告传播时，一定要结合会展企业自身的经济实力来选择促销工具组合。若经费充足，选择更为有效、普及度更高、吸引力更强、涉及范围更广的促销组合；若资金有限，应具体比较每一种促销工具在此次广告传播的优劣来加以抉择。

3. 促销工具应分工明确且相互协调

会展品牌在传播时必须明确各种促销工具的任务，才能使其相互协调，最终实现整合营销传播目标。同时，也应对每一项促销工具的目标有一个清晰的认识，并明确其在整合营销传播过程中的具体任务和目标。会展项目在选择促销工具组合时一定要注意各促销工具的分工与协调，应最大限度地优化配置各促销工具，从而使广告传播达到最佳效果。

三、整合营销传播的媒介选择

一是视听传播媒介，一般包括电视、广播、楼宇液晶电视等。对于一些需要大众普及度及视觉和听觉双重效果的会展项目，可以考虑该媒介。

二是平面传播媒介，包括报纸、杂志、海报等。由于平面传播媒介的成本相对较低，传播的效果也较为明显，所以，一般的非专业性的会展项目在进行前期广告传播时，一般会采用该媒介来对展会进行宣传造势。

三是户外传播媒介，包括大型户外广告、楼体、墙体、车体、灯箱、旗帜、空中飞行物等。由于户外广告持续时间较长，形式多样，可以有效地引起消费者的注意。一些规模较大或持续时间较长的会展项目，可以采用该媒介。

四是网络传播媒介。利用网络传播媒介推广就是通过网站主页、论坛等方式来发布会展项目的相关信息。由于它不受时空限制、制作成本低、速度快、能跟踪统计其效果等优势，已成为会展企业进行广告传播的有效媒介。

五是手机媒体媒介。手机媒体是3G移动网络发展的产物，这种传播媒介可以通过移动网络上网浏览网络媒介信息，但其最大的特征在于移动性。另外，手机媒介本身具有受众面广、针对性强、不受时空限制、成本较低等特点，正受到越来越多展会的青睐。将手机媒体媒介配合数据库营销，如会展企业可以向目标参展商和观众发送信息，提示展会的举办时间、地点及相关活动信息，成本低，举动小，但却可展现出会展企业的贴心服务，以增强参展商和观众的好感。

六是微博、微信媒介。微博、微信是近年来出现的两种新兴媒介，在会展活动现场，可以利用展场的大屏幕和网络技术，通过微博、微信互动，实现会展主办方与会展受众之间的互动。

整合营销传播作为目前最有效的传播方式，运用到会展品牌传播中具有广阔的发展前景。但因为运用的不成熟性及不完善性，导致会展品牌传播在进行具体运用时缺乏高效的整合手段。在运用整合营销传播时，不应将其视作各种促销工具、传播媒介的简单叠加，而应充分地发挥各种促销工具及传播媒介的优势，进行资源的优化配置，实现传播媒介的融合。会展品牌的整合营销传播是未来会展品牌传播的趋势，我们有必要通过不断的实践，将其精髓充分地运用到会展品牌的传播中去，以提高会展品牌传播的效果。

第八章　会展品牌营销

第一节　会展营销中的现代营销手段

一、现代营销手段的内涵

现代营销是一种以市场为出发点,以消费者的需求为核心,以现代科技为基本手段的经营方式,它是整体营销的一个组成部分。为了提高会展的品牌价值和影响力,采用营销及品牌塑造等手段进行的市场推广活动——会展营销产生了。在电子商务和信息技术蓬勃发展的当下,营销环境已经发生了较大变化,营销手段也从传统媒体转向了网络媒体。广大营销主体已经接受并熟练运用低成本、高效率、强针对性的现代营销手段。这其中就包括了体验营销(活动营销)、事件营销、口碑营销以及网络营销。

1. 体验营销

体验营销指的是通过观看、聆听、使用、参与等手段,充分调动消费者的情感、感官、思考、联想、行动等理性和感性因素,重新设计和定义思考方式的营销方法[1]。

2. 事件营销

事件营销是利用新闻规律,创造并传播具有新闻价值的事件,以达到广告效果的营销方法。这是一种集新闻效应、广告效应、形象传

---

[1] 俞瑜. 现代营销手段在会展营销中的应用 [J]. 知识经济, 2013 (09): 108 – 109.

播、公共关系、客户关系于一体，能为新产品的推介和品牌的展示创造机会，有利于品牌定位和识别，从而形成快速提升品牌知名度和美誉度的营销手段。

3. 口碑营销

口碑营销，是企业在市场调查的前提下，针对消费者的需求制订相应的口碑推广计划，让消费者自发传播企业产品和服务，从而让更多的人通过口碑了解产品，帮助企业树立品牌，增强市场认知度，最终实现销售目的的营销方法。

4. 网络营销

网络营销是以互联网为渠道发布产品信息，营销人员采用专业的网络营销手段，向网民展开营销活动的方式。当企业选择网络营销时，将会有一系列的手段贯穿整个经营过程，例如网站建设与运营、网络推广、在线交易等。

二、将现代营销手段用于会展营销的意义

从1894年开始，随着社会经济和科技的发展进步，会展业的营销手段一直在不断创新，从纸质广告、电视广播到直销、电话销售、移动广告和网络广告等多种形式。现代营销手段引入会展营销的意义在于：

（一）有利于提升会展营销的竞争力

事实上，营销没有固定的模式。整合型营销固然是会展营销的有效手段，运用得当可以达到"1＋1＞2"的效果，但耗费人力、物力、财力都比较大，而且对综合营销能力要求高，往往只有实力雄厚的企业才能驾驭。而运用现代营销手段，可独辟蹊径，在整合中寻找亮点，突出项目本身的特质，与循规蹈矩的整合营销方式相比，更能够独树一帜，给人留下深刻印象。在会展营销中引入现代营销手段，让会展企业在营销中寻找适合自己的模式，并将这一模式结合会展项目的特点加以运用，使得会展项目具有不可复制的、独有的闪光点，达到最大限度地吸引目标受众的目的。

(二) 有利于降低会展营销的成本

如果说传统的营销方式是硬性的推销，那么，现代营销手段则是一种软性推销，这种营销方式更能够贴近目标受众的消费心理，更容易接近目标受众。同时，在现阶段，网络、手机等新兴媒体的影响力日趋壮大，借助其海量、更新速度快、互动性强等特质，将会使现代营销手段的运用更为便捷，而且营销成本也会比通过报纸、杂志、广播、电视等传统媒体的宣传推广要低很多，目标受众的针对性也相对较强。

(三) 有利于提升营销主体的形象

特别的营销方式既可以提升会展营销的竞争力，还能迅速提升营销主体的形象。现在的目标受众较为容易被新颖的营销方式吸引，这种营销方式一旦被目标受众认可并接受，营销主体就容易被贴上"创新"的标签。同时，在会展营销中，利用现代营销手段，用独特的视角和可亲近的姿态，在展示企业文化的同时还能获得较高的关注，强化品牌特征，实现营销效益和品牌塑造的双重功能。

第二节 会展品牌体验营销

一、体验经济：会展品牌体验营销诞生的背景

美国著名的未来学家托夫勒早在20世纪70年代就在其著作《未来的冲击》中提出，在人类经济发展的过程中，服务业会超越制造业，体验性生产又会超过服务业[1]。他还预言，人类经济发展在经历了农业经济、工业经济、服务经济三个阶段后会朝着体验经济发展。美国战略地平线LLP顾问公司的创始人派恩和吉尔摩提出，经济价值演变会分为商品、货品、服务、体验四个阶段。1998年，他们在《哈佛商业评论》正式宣称：体验经济时代已经到来。随着社会经济的进步，经

---

[1] 田书芹，王东强. 体验式会展品牌营销策略探讨 [J]. 重庆文理学院学报（社会科学版），2008（02）：21-23.

济形态历经了农业经济、工业经济、服务经济,和现阶段的体验经济,各形态经济的生产行为和消费行为在不同发展阶段上都呈现出不同的特点。体验经济指的是企业提供的服务商品从生活与情境出发,为消费者创造出值得回忆的感受,创造了感官体验和思想认同,以此来引起消费者注意力从而影响其消费行为,为产品找到新的价值和生存空间。

表8-1 人类经济发展的演进阶段

经济形态	生产行为	消费行为
农业经济	以原料生产为主	以自给自足为原则
工业经济	以商品制造为主	强调功能性与效率
服务经济	强调分工及产品功能	以服务为导向
体验经济	以提升服务为首、以商品为道具	追求感性与情境的诉求、创造值得消费者回忆的活动、注重与商品的互动

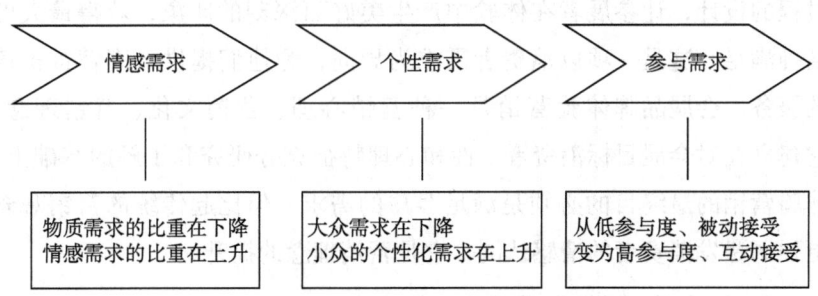

图8-1 体验经济时代消费者需求的变化

品牌不仅仅是一个识别标志,其实也是因美好的体验记忆产生的感官、情感、认知上的共鸣,是品牌知名度、承诺和体验的集合。体验经济时代,消费者的需求发生了变化:消费者从对产品的功能需求转向接受和使用品牌时的感受需求,对品牌展现的个性和提供的服务要求越发高。消费者在进行消费决策时,更加注重产品理念和自我追求的吻合,倾向于选择能引起共鸣和满足自我心理需求的品牌[1]。也就

---

[1] 陈行. 基于消费需求的体验营销之探析 [D]. 合肥:安徽大学,2006.

是说，消费者对产品的物质功能需求在下降。是否具有情感、个性以及参与性，成为消费者是否选择这个产品的衡量标准。会展品牌营销与体验经济有着天然的联系，会展作为一个特殊的产品，本身有着开展体验经济的资源优势，倘若参展企业和会展企业能实现深层次的产业价值链对接，为参展企业提供手段，为会展企业提供平台，二者的融合使各类参会主体如参展商、专业观众等融入情境从而获得体验价值，能让会展品牌的营销起到事半功倍的效果。

二、会展品牌体验营销的概念及特点

技术的发展使得产品功能和服务渐渐趋同，寻找新的营销方式是参展者们必须做出的转变，体验营销就可以充分发挥会展的优势，这是会展行业在体验经济时代营销发展的新方向。

会展品牌体验营销就是要在会展举办过程中，通过对情境、事件、过程的设计，让参展者在体验中产生美好而深刻的印象，获得最大的精神满足。这是一项以消费者需求为导向，为他们提供较高精神价值的服务。会展品牌体验营销是一种营销心理、营销文化、营销理念，它建立在对会展目标消费者个性和心理特征充分研究和了解的基础上。体验营销的最终目的必须是满足客户的需求，但比起传统的营销观念更强调激发消费者的情感认同，它是营销理念的提升。

（一）会展品牌体验营销要以体验为主

进行会展品牌体验营销首先要创造体验，增加产品的附加值，强调与消费者的认同和情感共鸣。在物质极丰富的当下，产品和服务带来的心理效益越来越重要。好的会展体验不仅与产品和服务有关，还是一种感觉，是感官上、情绪上、精神上的体验。会展品牌体验营销以会展产品为介质，塑造新的感官体验和思维认同，从而抓住消费者注意力，为他们创造出值得回忆的感受，也为会展创造了新的价值和生存空间。

（二）会展独特的心理属性，强调对消费者的体验价值

会展产品作为体验经济的载体，其精神利益是消费者做出消费决

策的重要因素。在体验营销里，产品的广义意义是人们通过购买而获得的能满足某种需求和欲望的物品和非物质形态利益的总和。

1. 会展体验营销的核心是对体验进行准确定位

在定位时，首先分析消费者的心理需求与产品心理属性的匹配程度，创造新鲜的体验元素以区别于竞争产品的特色，并借助有效的方式将这种体验价值传递给消费者，使他们能产生心理共鸣。此外，还要紧跟社会文化消费潮流，凸显出物质消费所体现的价值观念、符号价值、消费文化。

2. 情感沟通在体验信息传达中的重要作用

通过情感的沟通，调动参展者的感官和情绪，创造情感体验和美好的心理感受，从而达到诱发购买的目的。从温和、柔情的正面心情到快乐、自豪、激动的强烈情绪，喜怒哀乐、爱恨悲愁都可以纳入情感范畴。其关键在于探究消费者的情感反应模式，什么事物可以引起什么样的情绪，什么样的表现形式能使消费者融入情景中，并引领消费者形成消费偏好。

3. 促进消费者参与体验活动和传播体验信息

参展企业可以通过设置体验场景，组织体验活动，让消费者参与到产品销售中，从而使消费者在购买前获得足够的使用经验和产品信息，减少因购买新产品带来的风险，增加购买概率。自由的消费氛围比传统的说服促销方式更容易提升消费者认知。例如车展中的试驾活动就能使消费者获得充分的体验信息，从而推动产品的推广。

消费者在做出购买决策时，有功能需求和非功能需求两方面的要求。其中功能需求来自使用需要，而非功能需求来自社会认知心理。在会展的体验营销中，这两个功能往往同时存在，并且非功能需求占的比重会越来越大。

三、会展品牌体验式营销策略

（一）会展品牌体验营销战略

企业如何选择适合自己的体验式营销战略呢？柏恩德·H. 施密特博士在《体验式营销》一书中指出，体验式营销是在消费者的感官、情感、思考、行动、关联五个方面来重新定义营销的思考方式。企业的营销战略应做相应的调整：《体验式营销》提供了一整套体验式概念和实施模型。体验式营销的主要战略规划工具被统称为体验式矩阵。在实际生活中，五种体验类型很少有单一体验的营销活动，一般都是几种体验结合使用，施密特将其称为体验杂型，如果企业能提供全类别的体验就可以被称为全面体验。战略体验模块可以分两类，个人体验来自消费者心理和生理上的独自体验，共享体验来自与有关群体的互动，如感官、情感、思考。

1. 感官体验

感官营销的诉求是创造知觉体验的新感觉，它经由视觉、听觉、触觉、味觉、嗅觉等感官传达。感官营销可分为公司与产品识别、购买动机引发和增加产品附加值等。茅台酒名扬天下就是一个成功运用感官体验在会展品牌营销上取得成功的案例，酒香是最独特的味觉体验，这种味觉传达远比文字传达直观。

2. 情感体验

情感营销的目标是为消费者创造情感体验，可以是温和、柔情的正面心情，也可以是欢乐、自豪甚至是强烈的激动情绪。要进行情感营销首先要了解什么事物会引起哪种情绪，能让消费者受到感染并融入情景中。有研究表明，音乐可以激发人的情绪，产生相关体验的联想，并处于愉悦兴奋的状态中，进而产生购买欲望。在大型电玩游戏展上，播放参展观众熟知的动漫歌曲是促进消费的有效方式。

3. 创造性认知体验

思考营销诉诸消费者的智力，以创意引起顾客的兴趣，对问题集中或分散地思考，为消费者创造认识问题和解决问题的体验。尤其对于高科技产品而言，思考营销的方案是被普遍使用的。而在许多其他行业里，思考营销也被用于产品的设计、促销和客户沟通中。这种体验战略模块在当今会展营销行业中运用得较多的是知识普及类型，通过知识普及提高消费者的认知能力，便于消费者进行产品比较选择。房产博览会是一个比较典型例子，设置一个二手房交易讲堂，参观者既能免费听到二手房交易知识，同时也能增进消费者对房产商的信任。

4. 身体体验和全部生活方式体验

行动营销是通过影响身体的有形体验、生活状态和互动,增加身体体验,探寻替代方法、替代形态和互动模式,以达到丰富消费者生活的目的。消费者生活形态的改变有可能是被激发的,有可能是自发的,也有可能是由偶像引领的。会展现场的名人加盟、真人体验等形式多是由这一原理发展而来。

5. 社会特性体验

关联营销包含了感官、情感、思考、行动营销等多个层面。关联营销将个人的感情、观点、人格、个性融合进个人体验中,并与个人对理想世界的期待产生关联。关联活动的诉求在于自我改进,比如如何成为更好的自己,如何实现个人渴望,如何让他人对自己产生好感。特点在于如何与更广泛的社会系统产生关联,进而使个人建立对品牌的偏好,并让该品牌的追随者形成一个群体。关联营销已经被运用在不同的行业中,社会心理归属感是体验营销的亮点。会展业的专业性、主题性会比其他商业活动更易找到知音。例如在乐器展会上,可以利用体验原理策划音乐展演,吸引音乐爱好者,促进营销完成销售计划。

(二)会展品牌体验营销切入点

1. 情感

我们即将迎来一个消费过剩的时代,在物质丰富的社会里,消费的目的不仅是为了需要,更是为了买而消费,为了感觉而消费。策展人利用消费者的情感活动规律,激发其消费欲望,促进其购买行为。情感在快节奏生活的当下显得尤其稀缺,爱情的甜蜜感、家庭的美满感、事业上的成就感、地位上的优越感等,都可以成为情感切入点。利用消费者恒久的情感价值体系或者特殊的情绪体现等心理因素实现营销诉求。尤其在可以与消费者面对面沟通的会展场地,情感切入对消费者就极富感染力,通过掌控人的情感来控制人的消费行为,从而达到销售目的。当参展者的情感被唤起产生共鸣进而成为消费者,在会展现场就完成了一次体验联系。

2. 文化

文化除情感之外另一个影响个人价值取向的因素。以创造文化体验为目的的会展品牌营销，利用商品特点和消费心理，为它们之间建立文化需求联系，这种新的产品，让消费者从产品开发、形象识别、传播氛围中都能感受到浓郁的文化气息。消费者在获得实体产品的同时还获得了文化体验和精神满足，突出了产品的情感价值、审美价值、象征意义、符号价值等文化层面价值。我们在某些展会看到的民族风情节目，就是为了让参观者感受到文化体验感。

3. 情景

以情景为切入点的营销活动，是指运用各种手段为消费者创造完整、真实情景的体验。这个理念从产品设计延伸到营销推广的每一个环节，要求始终从消费者的体验出发展开策划活动。从消费者的心理需求研究和分析角度，开发产品的心理属性，重视产品形象、个性、品位等感性方面的塑造，尽力匹配消费者的心理属性，协助消费者完成某种体验。同时，还要注意平衡体验营销和整体营销之间的关系。囿于场馆规模、展期长短等诸多现实因素，一个会展一般不会采用单一的营销方式，而是多管齐下，因而，氛围、环境、场景都要紧密地结合在一起，达到高度、整体的协调。只有这样，消费者接受的信息才是统一的。

（三）会展品牌体验营销策略

1. 产品体验策略

本文强调体验营销的重要性，并不代表产品不再重要，消费者仍然关注产品。广义的产品是核心产品、形式产品、附加产品的总和。本文这里讨论的产品体验策略是指这个广义的产品。消费者对产品关注点的变化体现在用体验这种直观的形式判断产品是否符合自己的需要。

早在2004年，成都媒体就曾策划过一次体验式车展，它们把展会场地放置到汽车生产车间，车展的参观者可以跟随向导参观整个工厂，近距离围观从零件到仪器到产品的全过程。企业文化和品牌影响力贯穿了参观全过程，车间的环境和工人的工作状态都向消费者传递出品牌的核心理念——值得信赖。消费者通过这个活动，增进了对汽车行业的了解，获得了一段特别的体验。厂家通过这个活动建立了品牌、产品、消费者之间的体验纽带，顾客忠诚由此形成。

2. 渠道体验策略

消费者能获得产品的通道被称为渠道，会展行业中的渠道体验是指参观者在参与会展活动过程中所获得的体验，这个过程包括达到路径、成交路径、相关服务等多个方面。便捷的交通、全面的服务和友好的会展环境通常能给参观者留下难忘的印象。企业会有多个渠道使产品到达消费者手中，能让消费者留下印象的渠道就会加速销售。体验式会展营销的渠道策略有三个部分，即渠道选择、渠道体验氛围设计、渠道策略综合运用。现在越来越多的房地产企业开通会展地和楼盘之间的接驳车，用于接待看房者。通过这个渠道，消费者可以直观地看到实景，在较长的看房时间里，消费者有更多时间和机会来了解产品，这就是渠道体验设计达到的效果。

3. 服务体验策略

这里说的服务，是指为消费者提供各种产品信息，有能力对消费者的体验产生影响的人员、企业的公众人物和形象代言人等都是其组成部分。他们的行为举止、专业形象和人格魅力都影响消费者的综合体验，是营销活动的执行者。尤其在会展行业，营销策划最终表达的舞台是现场的服务体验。这一点在各类游戏展上体现得最为明显，装扮成游戏人物的服务人员穿梭在会场为参观者提供服务，消费者置身其中仿佛进入了虚拟世界，就能更好地享受游戏体验。

4. 消费体验策略

消费体验策略是指消费者对于产品本身和产品体验的综合认知。其核心是要使消费过程的体验高于消费者的预期，增加体验感是方法之一。例如在车展上，厂家不仅邀请消费者试驾，还提供家庭体验项目，让消费者全方位地领略到驾驶的乐趣。消费体验有助于消除排斥感，增加消费欲望。

第三节 会展品牌事件营销

会展活动能在短时间内吸引大众关注，是具有聚集效应的产业。

会展不仅要在当下获得较大的关注,还要着眼于品牌的长远发展。随着技术和观念的进步,会展手段也要不断创新以应对变化的社会环境。会展企业根据自身资源优势,借助热点事件创造营销亮点,既能达到营销目的,还能减少广告费用。比起硬广告更容易接近受众。

一、事件营销的概念及特点

伴随着新闻媒体和互联网的发展,会展营销的手段也日益多样化,传统的营销方式已经难以满足人们对宣传效果的追求,于是事件营销(Event Marketing)在近几年作为重要的会展营销新方式逐渐进入人们的视野。事件营销是一种有效的公关传播与市场推广策略,如果在市场营销活动中将这种策略合理地加以应用,将会使得品牌的传播获取倍增效果。具体来说,事件营销是指企业通过策划、组织和利用具有新闻价值、社会影响以及名人效应的人物或事件,吸引媒体、社会团体和消费者的兴趣与关注,以求提高企业或产品的知名度、美誉度,树立良好品牌形象,并最终促成产品或服务的销售的手段和方式[1]。在这个意义上,会展品牌事件营销即指通过策划、组织和利用一个具有传播价值的事件,与会展品牌相结合产生话题点,通过各种有效渠道进行传播,吸引媒体、企业、社会团体和消费者的兴趣与关注,以提高会展品牌知名度、美誉度,从而树立良好品牌形象,并最终促成产品和服务的销售。因此,事件营销应是真实的、不损害公众利益的,同时,也应是有趣且具有新闻价值的。总体来看,会展品牌事件营销有着新颖有趣、目的性强、风险性高以及成本低廉等特点。

(一)会展品牌事件营销应具备新颖性

新颖性是指会展品牌事件营销所包含的事物是新奇、有趣、反常、有人情味的,在此基础上才能够使得该事件在公众注意力成本日益提高的大环境中具有新闻价值,引起受众的关心,产生影响力。这就需要品牌方时刻保持对各类事件的高度关注,以实现事件营销的差异性、独特性。

---

[1] 胡辉. 新媒体营销在典型行业中的应用分析 [J]. 农村经济与科技, 2019, 30 (02): 169–171.

（二）会展品牌事件营销目的性强

不同的会展有着不同的主题、不同的受众群体，因此，事件营销应是有计划、有目的地进行的。营销前期需要进行相应的策划工作，并对营销效果进行一定预估，再提出方案、评估方案、选择方案并执行方案，在执行过程中需进行监督与把控，以求实现目标效果和有效投入的收益最大化。

（三）会展品牌事件营销具有高风险性

会展品牌事件营销的过程与效果都会受到诸多因素的影响，例如其重要性、与受众的接近性、显著性等，在营销过程中，也会涉及许多利益相关方，很有可能一次事件营销会因某一环节的失误而导致负面影响的产生，对品牌形象造成不可逆的损害。由此可见，会展品牌事件营销具有高风险性，需要在事前、事中以及事后进行全面的风险把控，建立高效、弹性的风险应对机制。

（四）会展品牌事件营销成本投入少，收益率高

诸多事例显示，成功的会展品牌事件营销普遍具有成本投入少但收益率高的特点，这一特点使得事件营销对于企业而言具有强大的吸引力。例如，在2008年北京奥运会开幕式上，李宁作为奥运火炬手受到了全球的瞩目，其所创办的运动品牌"李宁"通过"搭车"聚焦事件，成了运动品牌的最大赢家。王老吉也曾通过捐款一亿元支持公益活动这一事件营销，提出"要捐就捐一个亿，要喝就喝王老吉"的口号，并获得了10亿元的收益。

二、会展品牌事件营销策略

（一）切入点

根据学者们的研究，事件营销的切入点可归结为三类，包括公益活动、聚焦事件和危机公关。这三类都是消费者所关心的，因而具备较高的新闻价值、传播价值和社会影响力。

1. 公益活动

该切入点主要指企业通过支持公益活动的方式来吸引消费者的广

泛关注,以此来树立良好的品牌形象,增加品牌认知度与品牌美誉度。由于公益活动目的在于帮助弱势群体,十分能够体现品牌方的社会责任感与资金实力,因而基于高度发达的信息传播技术,公益事件可体现出其巨大的广告价值,引起社会广泛关注。

事实上,支持公益活动的事件营销方式已备受企业青睐,得到广泛运用。2003年"非典"期间,中国移动向卫生部捐赠300万元设立"非典"医疗研究奖金,用以奖励国内首先研制出大幅度提高"非典"治愈率特效药的团体和个人,同时利用其短信平台向1.4亿客户第一时间免费推送"非典"权威咨询。

2. 聚焦事件

这种方式以焦点事件为"顺风车",是指企业通过及时抓住聚焦事件并结合自身传播或销售目的,与传媒合作来展开新闻"搭车"、广告投放、主题公关等一系列营销活动。在这一切入点中,主要要素其一即为消费者广泛关注的聚焦事件;其二即为媒体的公信力,企业会选择具有强公信力的传媒媒体,并不断开发包括新闻报道在内的多类软性宣传推广手段。

典型案例如2008年北京奥运会中,李宁作为国内体育服装品牌领军企业,通过出色地运用一系列营销手段,大胜阿迪达斯而成为本届奥运会中最大赢家,完美诠释了"一切皆有可能"。

3. 危机公关

企业需要认识到的是,当前社会已进入风险和危机频发的时期,企业自身时刻处于不可预知的风险与危机之中。当面对这些风险与危机时,若企业能与媒体合作,进行有效的危机公关和事件营销,那么,危机就能够转化为契机,带来意想不到的广告效果。

总体而言,企业所面临的危机主要包括社会危机和企业自身的危机。在这个意义上,企业的危机公关可分为两类:社会危机公关和自身危机公关。在社会危机公关上,典型案例如2003年"非典"肆虐期间,威露士捐赠了37吨总共价值100万元的洗手液,巧妙地将洗手液宣传与当时对卫生以及健康生活习惯的倡导相结合,成功打开了洗手液市场。此后的禽流感时期,威露士又携手麦当劳进行了免费派送威露士免洗洁手液的活动。

(二) 事件营销的策略

当下,传统的营销手段正面临着前所未有的冲击,成功的事件营销作为一种热点营销,可以集中受众有限的注意力,满足客户的某些利益诉求,从而使得企业或产品的信息直接、集中、准确地传递到目标消费群体中。在进行事件营销时,主要的策略有两种,即"借势营销"和"造势营销",下面将进行具体的分析。

1. 借势营销

借势营销即指借助热点事件对品牌进行传播,是指企业及时地抓住广受关注的社会新闻、事件,结合企业或产品在传播上欲达到之目的而展开的一系列相关活动。具体表现为通过媒体争夺消费者眼球、借助消费者自身的传播力、依靠轻松娱乐的方式等潜移默化地引导市场消费。由于热点事件往往具有新闻价值高、对公众吸引力强等特点,容易形成话题甚至是爆点,因而借势营销是集新闻效应、广告效应、公共关系、形象传播、客户关系等于一体的,对于会展品牌推介、建立品牌识别和品牌定位等有着重要意义。这也意味着在借势营销的过程中需要不断地围绕一定主题调整营销活动,为未来预期效果持续投入,而不能做"一锤子买卖"。就目前的借势营销实践来看,其所借的"势"主要包括以下三方面:

(1) 借助明星效应

明星效应是指通过明星广告的播放引起消费群体对明星代言产品的关注和兴趣,使得消费者出于爱屋及乌的心理而对该产品或该品牌产生好感,从而促进消费者对产品或服务的消费,同时,树立良好品牌形象。当今社会,传媒高度发达,明星常常拥有极强的号召力,利用明星的影响力来推广企业和产品的方式,适用于现在这样一个泛娱乐化的社会。这种方式虽然可以通过明星自身的吸引力大大提高消费者关注度,但同时也会因明星个人而带来较大风险,例如,明星在代言过程中若出现恶性事件,不仅会损害其个人形象,也会给所代言的品牌方带来巨大损失。因此,使用此种方式进行营销宜选择德艺双馨且对公众具有一定吸引力的艺人,以降低给品牌带来的风险。与此同时,品牌方也要考虑邀请明星进行代言所需的高额费用,对回报率进行一定预估。

(2)借助体育赛事

生活压力的增加使得人们需要轻松的环境来释放自己的压力、追求内心向往的生活。学者们的研究表明,对于上述需求越高的人群,对体育赛事的关注度也越高。这不仅说明体育赛事有助于缓解现代人的生活压力,同时,也可为事件营销提供优质的工具。

每当提到体育赛事的相关营销活动,人们都会立马想到赞助、冠名等手段。这些确实是最常见的营销手段,但除此之外还有许多其他的方式亟待挖掘。例如,在赛事解说中,可以加入品牌口号;在赛事结束后,可通过开展后续活动提升品牌形象。需要明确的是,在借助体育赛事进行事件营销时,应更多地将注意力投入到赛事背后所蕴藏的巨大商机中,并根据体育赛事的"二八法则",在用20%的花费赞助体育赛事的同时,用80%的资金以及精力来整合赛事背后的资源,以真正达到企业所期望的营销效果。

(3)借助重大新闻

重大新闻事件往往具有独特价值,当这类事件发生时,品牌方应不失时机地将之与自身进行有效结合,然后借助媒体渠道进行宣传,达到推广企业品牌的目的。如若运用得当,将带来事半功倍的效果。

2. 造势营销

区别于借势营销,造势营销是通过主动制造热点事件来对品牌进行传播,是指企业举办活动或制造事件,再运用大众传播媒介进行报道,引起社会大众或特定对象的注意,以形成对本企业、本品牌有利的声势,达到提升品牌知名度、树立良好企业形象的目的。在这个过程中,卓越的新闻策划以及良好的沟通手段,有利于让社会公众全方位地了解自己的会展品牌,了解品牌背后的人、企业文化和故事,促成大众对品牌由认知到了解,由了解进而无限忠诚。

从市场营销的本质上看,造势营销并不是产品的竞争,而是认知的竞争,即某种产品在消费者心目中"是什么"远比其实际上"是什么"重要,所以造势营销需要事先进行周密的策划。

制造话题是造势营销中最常见的方式。经典案例如巴拿马世博会上的茅台酒事件：1915年的巴拿马世博会上，各国送展的产品琳琅满目，但中国的茅台酒只能挤在角落里无人问津。工作人员急中生智，在展厅中佯装无意地"打翻"了茅台酒，使得茅台酒的香味充溢一室，茅台酒因此一摔成名，获得了巴拿马世博会的金奖，新闻媒体对茅台酒的争相报道更使得巴拿马世博会的知名度与美誉度随之攀升。又如2013年3月至6月备受关注的"追梦——永远的邓丽君特展"，该展中，"邓丽君一生追逐的三个梦想"一展以故事为轴线，共分六个展区，各自以邓丽君脍炙人口的歌曲为背景，将文物、歌曲等透过影音多媒体、互动科技进行展示，向大众完整呈现一代歌后的精彩人生。

第四节　会展品牌网络营销

著名学者菲利普·科特勒说网络营销活动是21世纪重要的营销方式。互联网络起源于美国，在20世纪90年代初，美国国防部将其商业化，并成立相关委员会制定国际标准和实施，使得互联网络在短短几年实现了全球200多个国家和地区之间的信息连接。互联网络的全球化，得益于其自身的开放性、共享性、交互性和低廉性。进入21世纪以来，互联网已经与各行各业深度融合，全社会也已对网络产生了超乎想象的依赖性。在这里，每个人都可以成为信息的创造者，同时也是信息的接收者，企业的网络营销（Cyber – marketing）得以随着互联网的发展诞生并走向成熟。

一、网络营销概念及特点

（一）网络营销的概念

网络营销的产生，是科学技术发展、消费者价值变革以及商业竞争等综合因素所促成的。关于网络营销的概念，国内已有了许多观点，但未成体系。结合营销的相关概念，从营销的角度出发，网络营销是企业整体营销战略的一个重要组成部分，它是建立在互联网基础上，借助互联网来有效满足顾客的需求，从而实现企业营销目标的一种营销手段。但需明确以下两点：

1. 网络营销不等于网络销售

网络营销与网络销售在概念上有一定的区别，网络销售是网络营销发展到一定阶段的结果。网络营销是指通过网站、电子邮件、搜索引擎、微博、微信等渠道开展营销活动，其目的在于提高品牌知名度、塑造良好品牌形象、加强与客户之间的沟通并最终实现产品的网络销售。

2. 网络营销需要线下同行

企业若只是单纯进行网络营销，很难达到预期的营销效果。这是因为线上营销虽然有诸多优点，但很可能因为目标受众错过了网络信息而造成客户的流失。因此，宜实现多手段组合营销，线上与线下同行，以线下营销的传统性、精准性来弥补线上营销的不足。

（二）网络营销的特点

互联网的运用使得个体间实现了跨时空的联结，信息的传播、获取渠道日益多样。在市场营销中，最本质、最重要的环节就是企业与个人之间的信息传播与交换，只有经过了信息的交换，交易才有机会实现。正因如此，网络营销有了以下特点：

1. 跨时空

互联网具有超越时间和空间限制进行信息传播与交换的能力。由于任何营销的最终目的都是占有市场份额，因此，互联网的跨时空能力使各类交易在任意时刻的达成成为可能，为企业节省了大量的用于营销的时间、创造了更大的营销空间。

2. 多媒体

在互联网中，信息的呈现形式多种多样——既可以是文字，也可以是音频、视频、图像等。多种媒体形态的信息从各方面为交易的促成提供助力，既能够激发营销人员的能动性，也能让消费者全方位地了解产品。

3. 交互式

当营销人员通过互联网进行营销活动时，其可与消费者进行直接的线上交流与互动。线上双向沟通的实现，既帮助了营销方提升服务质量、收集市场信息，也帮助了消费者获得更丰富的信息、更优质的消费体验。

二、会展品牌网络营销的实施流程

（一）前期准备阶段

1. 选择并搭建信息发布平台

网络营销需要通过网络渠道进行，由于不同群体的互联网使用习惯有所差别，会对各渠道的传播效果带来影响。随着智能手机的普及，新媒体日益火热，新媒体泛指利用数字技术、网络技术，通过互联网、宽带局域网、无线通信网、卫星等渠道，以及电脑、手机、数字电视机等终端，向用户提供信息和娱乐服务的传播形态，其主要可分为PC端新媒体和移动端新媒体[1]。前者是指须通过PC端进入的各类网页，包括企业在电脑应用软件上进行的投放，优点在于覆盖面和受众面广、信息传播方式多样、成长迅速且潜力巨大；缺点即在于难以对受众进行选择、信息泛滥、安全和隐私保障不足。后者是指通过App接收的信息，包括App中的广告植入和消息推送。通过移动端进行网络营销，优点在于曝光率高、精准即时、随时随地、形式多样、效果可测以及反馈及时，缺点则在于覆盖面小、App忠诚度不可控、转化率较低等。营销者在进行渠道选择时，应当根据自己的会展品牌、会展产品定位，制订最佳渠道组合方案。

在确定好主要信息传播渠道后，企业需要进行相应的平台搭建工作。例如，PC端可搭建本企业或该会展品牌的官方网站，移动端可搭建官方微信公众号、官方App等。在进行该项工作时，应具有前瞻性，充分考虑平台的可持续运行，以集聚用户。

2. 完成受众分流相关工作

对于会展品牌营销而言，进行合理的受众分流十分重要。营销人员可利用大数据将受众分为参展商、专业观众和一般观众。如此一来，

---

[1] 任玲艳. 新媒体时代大学新生心理问题调查分析——以山西医科大学汾阳学院为例[J]. 山西高等学校社会科学学报, 2008, 30 (12): 72-75.

不同的受众将在各自的社交圈内进行讨论，引发大众关注。例如，参展商和专业观众可通过发表专业性言论吸引大量受众，形成有规模、有方向、有核心的社群，在一定程度上帮助参展商、策展方引导舆论走向、推动会展相关信息传播，从而形成良性循环。

3. 制订弹性风险预案

制订风险预案即进行风险管理，即管理者在一个开放性的市场、有风险的环境中尽力将风险可能带来的不良影响降到最低的管理活动。根据管理学原理，与应急预案相比，弹性风险预案可以更好地帮助企业应对不可预见的风险。

（二）中期进程阶段

1. 进行会展营销

在完成前期工作后，就进入了正式的营销环节。在新媒体环境中，会展企业可针对已分流出的不同受众群体，以提高话题专业性、吸引力和热度为目的，展开多样化的营销活动。例如可借助目前主流的微信、微博、QQ等社交平台，在社交圈中对会展品牌进行病毒式传播，形成话题、社群，提高曝光度、知名度，以达到会展营销与网络营销结合"1+1>2"的效果。也可通过投放PC端应用软件广告和移动端广告、开发互动传播式小游戏等方式进行。

需要注意的是，在进行网络营销的同时，传统的线下营销也是必不可少的。这是因为网络营销也存在一定的局限性，如在网络信息安全方面存在隐患，可能出现客户信息泄露的问题；单纯地进行网络营销可能会导致部分客户的流失等情况。

2. 塑造品牌形象

与线下传统营销相比，网络营销在塑造会展品牌形象方面具有更大的优势。一是通过视听元素的传达，可以更好地体现一个会展公司的企业文化以及其所举办的会展活动的内涵与规模。二是通过线上客服的服务质量、平台整体搭建水平，可进一步提升品牌的形象。

3. 促成线上交易

会展品牌线上营销的目的即促成交易获取收益。为促成线上交易，会展品牌方需要清晰地展示产品信息、明确地标出产品价格，供参展商选购,在此过程中,也应提供相应的线上咨询服务,解答客户疑问,提升服务质量。

(三)后期服务阶段

1. 提供增值服务

网络营销不能是"一次性"的,而应是能够留住回头客的。增值服务可包括举办展后会议、交易情况数据分析、会员服务等具有实用性的内容,让客户感到"物超所值",以留住新老客户,实现持续性。

2. 进行跟踪回访

较为固定的参展商将成为展会的重点合作对象,但这样的参展商需要会展企业与之建立较为稳固的关系,在这个意义上,进行客户的跟踪回访就显得尤为重要。这里的"客户",既指参展商,也指专业观众。但需要注意的是,跟踪回访的方式需能体现出正式感、专业感,且应保持适中的频率。

三、会展品牌网络营销的策略

(一)会展品牌网络营销切入点

1. 用好大数据

大数据(Big Data),指无法在一定时间范围内用常规软件工具进行捕捉、管理和处理的数据集合,是需要新处理模式才能具有更强的决策力、洞察发现力和流程优化能力的海量、高增长率和多样化的信息资产❶。

通过对大数据技术的使用,会展企业可以更快、更精准地聚焦目标人群,从而选择合适的渠道进行营销活动。

2. 重视口碑营销

20世纪60年代,日本的一些管理者运用戴明、朱兰的质量管理理论指导产品制造,改变了过去对产品质量进行事后控制的生产方式,使得产品质量自生产之初就得到严格把控,让日本成了制造大国,也

---

❶ 刘晔,徐创义. 大数据在广电新媒体中的应用 [J]. 有线电视技术,2018 (12):22-24.

让欧美国家开始重视这一管理理论，推动了全球制造业的发展。20世纪70年代，随着各类技术的扩散与应用，市场上的产品数量急剧增加，产品同质化现象也日趋严重。与此同时，媒体也逐渐开始细分化、专门化，使得营销渠道也随之发生了大规模整合，市场权利从生产商向中间商转移，出现了近代的营销模式。进入21世纪后，随着网络媒体技术的急速发展，信息传播的渠道得以无限拓宽，消费者逐渐获得一定的信息控制能力，能够在一定程度上支配市场，决定什么是重要的、有价值的、被需求的，使得市场权力开始向消费者转移，口碑营销正是在这一大背景下企业的自然选择。

口碑（Word of Mouth）即顾客推荐，与商业广告单纯地对产品的宣传不同，口碑传播的内容已经被赋予了消费者的使用体验，更真实，更有温度。口碑营销（Word of Mouth Marketing）即指在企业在品牌建设过程中，借助于消费者之间的相互交流来达到产品信息或者产品形象广泛传播的目的（C2C），具有自发性和主动性，属于一种病毒式营销。从长久性上来看，口碑营销的核心应是"质量为王"——只有品牌的产品保持稳定的高质量，才能让控制着信息传播权的消费者们产生良好的品牌体验，自发自愿地向他人进行推荐。

在产品极大泛滥的市场环境下，消费者对产品、对品牌的好口碑的重要性不言而喻。好的口碑可以快速引发产品销售，带来收益，推动品牌成长。在这个意义上，发烧友们就成了意见领袖，现代社交化媒体的崛起使得他们的传播能力得到无限加强，能够对更多的人产生影响。

综上所述，可以发现口碑营销有着以下特点：

（1）可信度高

口碑经常是在亲友、同事等具有亲密关系的人之间传播，所利用的是传播者的个人情感和信用，能够更好地获得传播对象的信任。又由于人际传播中的双方往往又是在文化、意见、观念和价值判断上具有相当大接近性的群体，在消费观念上的接近性使得信息接收者更容易相信、接受产品并产生消费。与硬广告赤裸裸的商业目标相比，基于较高消费者满意度的口碑营销可信度更高。

(2) 扩散性强

口碑信息会自我"繁殖",自给自足,一旦内容具有很强的公众需求,容易形成病毒式的乘数扩散。在口碑营销传播过程中,每个人都是信息的发出者与接收者,即每个人在影响他人的同时,也受到他人的影响。互动的个体之间信息传递十分迅速,几乎可以称得上是随心所欲。一方发出信息后,不断有机会获得反馈、检验效果,从而加以改正,给予答复,最终较好地完成传播活动。

(3) 隐蔽性强

从消费者心理上看,消费者更愿意接受的是资讯类信息而非商业广告。口碑传播隐藏在众多资讯之中,可以使受众主动接受、信任,在传播效果上比广告、软文更有力。

(4) 成本低廉

口碑传播号称是零号(耗)媒介,并没有明显的媒介广告支出。与传统营销方式相比,总体成本十分低廉。

口碑营销的实施过程可以简单概括为"吸引—价值—回报"三个步骤。"吸引"即指企业首先需要通过高质量的产品及服务助力品牌形成独特吸引力,吸引意见领袖前来成为率先使用者,这部分人群也将成为产品的主要消费人群。当他们对产品有了自己的体验感后,将会第一时间通过多种渠道向自己的社交圈传播关于产品特质的信息,以及自己对产品、品牌、服务等的感受,引发关注,从而达到口碑传播的目的。过硬的产品质量永远是口碑传播的基石,为率先体验者创造更多价值有利于给消费者带来超值的消费体验,帮助企业在市场上打开局面、站稳脚跟。此外,企业应多加关注消费者的消费体验,对于通过社会化媒体等途径获得口碑信息并产生购买行为的消费者,应给予一定的价值回报,让他们感受到"物有所值"甚至是"物超所值",从而产生重复的购买行为,逐步形成对品牌的忠诚,并产生主动进行口碑再传播的可能性。

(二) 会展品牌网络营销的策略

1. 搭建官方网络信息平台

会展企业的官方网络信息平台,可分为PC端平台和移动端平台。

前者主要指官方网站，后者主要指基于手机官方App、微信、微博等应用软件所搭建的官方平台。

（1）PC端新媒体平台

会展企业的官方网站作为最主要的官方平台之一，承担着诸如会展活动推介、招展、招商等重任。在官方网站上，企业需要及时发布最新信息，以保证官方网站信息更新的即时性与网站的权威性。

在搭建官网时，企业宜根据客户群体画像进行板块定制，针对不同群体的差异化需求提供相应的活动信息。需要注意的是，官方网站应是实用的，页面应简洁清晰、分类明确，所发布的内容也应全部与会展相关，不能插入过多无关信息。

以广州家博会为例，广州家博会全称中国（广州）国际家具博览会，素来有"中国家具业晴雨表"的美誉，其官方网站由广州家博会组委会建立，旨在为广州家博会筹委会和展会受众搭建信息交流的桥梁。通过官方网站，家博会更为受众开通了在线客服咨询等服务方式，以此加强展会的信息交流与回馈机制，提升客户对家博会品牌的忠诚度[1]。

（2）移动端新媒体平台

进行移动端新媒体营销是另一重要营销方式，即通过微博、微信这类主流的社交平台或是通过建立官方App发布信息。微博、微信都拥有超高用户活跃度，信息扩散能力强大，是目前企业进行新媒体营销的绝佳方式。

在使用微博时，会展企业需注册官方账号，利用微博的即时性，及时发布会展活动信息，同时制造话题增加曝光度。也可通过一些微博活动吸粉、与粉丝进行互动。

在使用微信时，企业需注册微信公众号。微信公众号分为服务号与订阅号，两者相较，服务号拥有更强大的功能。企业应当充分利用公众号的功能，实时推送会展活动相关内容，并向受众提供"在线咨

---

[1] 何瀚林. 新媒体广告在会展营销中的运用研究——以广州家博会为例[J]. 中国商论，2019（05）：61-62.

询""领取福利""免费索票"等服务。为突破粉丝数量，可不定期进行一些抽奖互动活动，保持粉丝活跃度的同时也可以吸引新粉丝的关注。

建立官方 App 是指会展企业通过建立、运营独立的手机 App，直接向受众提供咨询和各项服务。官方 App 与微博、微信相比，自由度更高，但成本也会相应提升不少，适合大型会展企业选用。

2. 投放广告

（1）PC 端广告

除官方网站上的会展推介外，会展企业也需要通过其他途径增加曝光率。例如，广州家博会除了组建官方网站，也通过综合类网站进行了宣传。在开展前到展会结束，其选择了中国展会网、广州展会网、广州展会信息等专业展会门户网站，以及新浪新闻、新华网、凤凰资讯等综合性新闻网站，对展会情况进行了宣传介绍。同时，也选择了腾讯、优酷、爱奇艺等视频平台向受众动态展示展览会的具体内容。此外，论坛、博客等平台也是宣传的重点渠道。

（2）移动端广告

会展企业仅利用官方微信公众号进行信息推介是远远不够的，在会展咨询类公众号上进行广告投放也是必要的，例如中国会展、中经网会展等。

此外，新闻资讯类 App 也可作为备选项，例如今日头条、网易新闻等。但因 App 的产品印象、目标受众会直接影响广告的效果，企业在进行相应选择时需要提前做好 App 用户画像分析。

第九章 会展品牌之世界博览会

有着150多年历史的世博会因其宏大的规模而被称为"经济、科技、文化领域内的奥林匹克盛会"。它不是一般单纯功能的招商和促销，它是目前全球最高级别的博览会，各国都将世博会视为全方位展示本国科技、文化、经济发展成就和前景的平台，因而各国都会精心准备。

目前，世博会已经发展成为一项国际性盛大的会展品牌，对当今社会政治、经济、文化艺术的发展都具有重要的意义。

第一节 传奇世博，文明盛会

一、国际博览会的历史背景

（一）起源——商品交换的集市

世博会最初的形式产生于农耕社会，在喜庆、丰收、宗教仪式场合产生了人类最初的交易活动，后来渐渐发展成在固定场所，定期举行的以物品交换为目的的大型贸易和展示集会。

公元5世纪，波斯举办了第一个超越集市功能的展览会。后来，位于主要交通干道交会处的城市定期举办大型集市，来自周边甚至较偏远地区的人们涌向这些集市进行各类物资的交易。这类集市为人们进行商业交易、思想交流、技术切磋提供了平台。

19世纪，随着交通手段的进步，这种集市的规模越来越大，参加集市的人员和商品也更加多样化，集市所能影响的经济范围不断扩大，市集中的文化氛围越来越浓。不同国家和地区，甚至是文化背景冲突的人们都可以在这样的集会上建立理解、互利的伙伴关系。在中世纪，买家和卖家从欧洲各地会集到法兰克福、莱比锡、里昂等集贸城市，这样早期的商品交易的集会对今天的国际博览会有重要的借鉴意义。

（二）发展——只展不销的展览会

到了19世纪20年代，随着新技术和新产品的不断出现，以宣传、展出新产品和技术成果为目的的大型集会应运而生，人们把这种定期举行的不以买卖为主要目的的展览会称作博览会。人们参与博览会的目的逐渐从商品买卖延伸到技术产品交流和人类文明成果的展示上，博览会的功能和性质从商品交换的买卖关系逐渐演变成交流生产技术、展示文明成果和未来生活期盼的交流关系。全球化进程的发展和生产力水平的不断提高，使这种展览会的规模也跟着不断扩大，参展主体由城市扩展到国家，参展范围由一国扩展到多国，逐渐形成了现在我们熟知的世界性的博览会。

（三）雏形——英、法等国的工业、艺术博览会

在这一发展过程中，英、法等国的国家博览会发挥了不可忽视的作用。

1798年，法国举办了第一个以政府身份组织的国家级别工业展览会。由于当时的英国工业优势明显，使得英法之间贸易极不平衡，而法国把工业的发展看成是民族生存的重要条件，因而把这次的展览会当作促进本国工业发展的手段。在法国举办的第一届工业博览会为期3天，有110家参展商，展出了法国当时最新的工业产品。这次的博览会获得了很大的成功，不仅商品推销出去了，更重要的是吸引了大量的顾客，推动了法国工业和国家经济的发展。到1849年，法国共举办了11届国家展览会，规模一届比一届大。当时的法国已经意识到国家级别的展览会不仅是为了商品经济、国际贸易，更重要的意义在于它是展示国家经济、文化、军事成果的舞台，这就使这种展览会具备了世界博览会的某些特征❶。

---

❶ 陈燮君，刘健. 世博与艺术[M]. 上海：东方出版中心，2009.

由法国政府组织举办的国家工业博览会获得了较大的成功,这一新趋势引起了老对手英国的关注,当时的英国在工业上有着巨大的优势,并很早就开始举办艺术与工业展览会,但不是以国家的名义,只是区域性的活动,规模较小。例如,1761年,以"艺术、制造和商业"❶为主题的展览会就曾由英国皇家艺术协会举办,为期7周,其中就展示了当时工业革命的技术发明——新型纺织机。

二、历届世博会的概况

(一)世博会的初步发展

1851年,为了展示英国强大的经济实力和打开海外市场,当时的维多利亚女王斥巨资,在英国举办了首届现代意义上的世界博览会——"万国工业产品博览会",它开辟了从外交途径邀请世界各国参展的先河,这也使得首届"万国工业产品博览会"有20多个国家参展,囊括了13000多件各国艺术珍品和新型技术产品。其中,水力印刷机、引擎和纺织机械的参展最引人注目。在160多天的展期中,共吸引了600多万名来自世界各地的商贸人士、社会名流和旅游观光人员,使这次"万国工业产品博览会"取得了巨大成功。它使得人类社会的交流内容从单一的商品交易拓展到社会科学技术和人类文明成果的交流互动。

英国首届世博会所获得的巨大商业和社会影响力,使当时很多的西方资本主义国家意识到世博会这种会展形式对促进贸易、技术、文化的全球化和进行国力展示的积极作用。它们纷纷效仿,在自己国家举办相似的世界博览会。由纽约于1853年、巴黎于1855年、伦敦于1862年、巴黎于1867年、维也纳于1873年举办的五届世博会,初步奠定了世博会这种会展形式在人类社会经济文明发展进程中的独特地位。

进入20世纪后,许多国家都开始举办不同规模的世博会。这一时期最大的转变是,由最初的技术成果展示到"概念"的展示,将世博

---

❶ 陈燮君,刘健. 世博与艺术[M]. 上海:东方出版中心,2009.

会扩展到文化的范围，而不仅仅是工业。如被称为"世纪之总"的1900年巴黎世界博览会作为20世纪的第一次博览会，充分展示了19世纪的技术成就；为纪念购入路易斯安娜一百周年的1904年美国圣路易斯的世博会；1924年举办的"大英帝国博览会"；等等。这一时期的世博会多由各国政府组织，所以世博会带有很强的政治色彩。

（二）世博会的规范——《国际展览公约》

随着世博会这种会展形式在全球范围内的发展，许多国家都看到了它对本国政治和经济的深远影响，因而纷纷效仿举办。此时的世博会就需要统一的规章，来管理和规范各个办会主体的举办行为和方法。

在1928年，由法国出面，邀请了31个国家和国际组织的代表，来到巴黎商讨和制定世博会的相关条例，用来规范世博会的举办和管理。最终在1928年11月22日通过了《国际展览公约》，这个公约明确规定了世博会的性质、举办条件、申办程序、主办国责任、举办周期等内容。

根据公约规定，国际博览会是一项由主办国组织，政府委托有关部门承办的国际性活动。其宗旨是促进世界各国经济、科学技术、文化的交流和发展。

《国际展览公约》还根据展览的性质、展期和规模的不同将世博会分为综合性和专业性两大类。具有综合性主题的大型世博会是综合类世博会，展会内容涉及广泛，每五年举办一次，会期通常为6个月。而专业性世博会规模较小，展出的主题专业性较强，如生态、气象、医药、城市规划、交通等，展期通常为3个月，在两届综合性世博会之间举办一次。

同时，各国还决定成立国际展览局（Bureau of International Expositions，BIE）作为世博会的管理机构，担负起批准申办及协调各国举办世博会的职能。国际展览局是政府间的国际公约性质的组织，其总部设在巴黎。到2008年，已有154个国家加入该组织。

（三）蓬勃发展的世博会

1. 1933年芝加哥世界博览会

美国为庆祝芝加哥建城一百周年而举办了此届世博会，此次世博会的主题是"一个世纪的进步",这也被人们普遍认为是历史上第一届拥有明确主题的世博会。

世博会的场地位于密歇根湖畔,占地 427 英亩,长约 3 英里。数以万计的游客们可以乘坐人力车游览这次世博盛会,忘却萧条的经济。芝加哥世博会中无处不在体现着"一个世纪的进步"这个主题。首先,在建筑设计上避免了古典风格造型,以光感、升腾和色彩为设计理念,外形以吊塔结构为主,钢筋和板墙构成建筑的主体,大部分建筑都以塔尖和塔门为特色。其次,这次世博会主要展示了科学在各个领域的具体应用,如电器馆中展示了给人们带来了巨大变化的电器,如留声机、电话、冰箱等。本次世博会的惊喜来自福特馆,新技术发明,甚至一条汽车生产装配线都在福特馆得到了完整的展示,让参观者近距离感受到了即将到来的崭新生活方式。

从诸多方面来说,这届世博会都是较为成功的。它创造了一个"人间仙境",展示了美国在文学、艺术、建筑、科学和工业方面的伟大成就,让人感到自豪,也给处于经济萧条中的美国人心里带来了慰藉:尽管目前困难重重,但美国的未来是充满希望的。

2. 1970 年大阪世界博览会

大阪世博会是综合类世博会首次在亚洲国家举办。

大阪世博会的场地位于大阪市郊约 15 千米处的千里山丘陵地带。场地总面积约 330 万平方米,展览空间分为空中、地上、地下三个层次。会场的结构形状来源于汉字"干",它将展会的主入口延伸到了南面。整个会场的中轴线上分布着各主题展馆、节日广场、国际市场、信息控制中心和行政楼区。中轴线的东西部则是各参展国的展馆区。"人类的进步与和谐"是本届大阪世博会的主题,从场地建筑到展览活动,无不在提示人类要更好地利用自然资源和应用科学技术,从而更好地享受生活和工作,增进不同国家和地区的相互了解。太阳塔是大阪世博会的标志性建筑,它的造型像一个冲天的巨人,又像一座古老的雕像。巨人周身的花纹犹如远古时期的图腾,它的手臂像是支撑起了节日广场的屋顶。这座太阳塔有分别寓意过去、现在和未来的"黄金之面""太阳之脸""黑暗之星""地底之星"四个面具。即便在多年之后的现在,"黄金之面"仍然在太阳塔上注视着过往的人们。经过这届大阪世博会,太阳塔不仅成为世博会历史上一个辉煌的"图腾"标志,而且已渐渐成为日本的一个时代符号。

大阪博览会以6000多万人次创造了当时世博会的参观量纪录,获得了非常大的成功。因为很快收回了1500亿日元的投资还盈利颇丰,大阪博览会是当时世博会史上最成功的例子。大阪世博会不仅让国际社会更了解日本,也为世博会这种会展形式的发展做出贡献。

3. 2000年汉诺威世界博览会

2000年的汉诺威世界博览会是世博会自1851年诞生以来首次在德国举办,同时也是人类社会进入21世纪后举办的第一届世博会。这届综合类世博会是对人类先进理念、高超技术的检阅,是展示人类科技文明的舞台。

2000年汉诺威世博会的主题是"人·自然·技术:展示一个全新的世界"。这届世博会以"可持续发展"为中心,提示人类可以以自身巨大的潜能,在遵循可持续发展规律的基础上开创未来,实现人与自然以及技术的和谐统一。无论是在会场位置的选择和布局、环境景观的规划上,还是场馆的设计中都贯穿着可持续发展和资源保护的理念。整个展区里既有自然水体、植被,也有各具民族特色和体现本国科技水平的场馆,自然景观与人造场馆的结合,展现了展会的主题。

2000年的汉诺威世博会将先进的人类发展理念和高超的技术能力相结合,回应了"可持续发展"这一人类共同面对的世界性命题,在人类发展史上是一个创举。

(四)世博会发展一览表

1. 1928年《国际展览公约》通过前

年份	举办地	名称	类型	相关内容
1851	英国伦敦	伦敦万国工业产品博览会	综合	万国工业
1855	法国巴黎	巴黎世界工农业和艺术博览会	综合	农业
1862	英国伦敦	伦敦国际工业和艺术博览会	综合	工业和艺术
1867	法国巴黎	第2届巴黎世界博览会	综合	农业
1873	奥地利维也纳	维也纳万国博览会	综合	文化和教育

续表

年份	举办地	名称	类型	相关内容
1876	美国费城	美国独立百年博览会	综合	庆祝美国独立百年
1878	法国巴黎	第3届巴黎世界博览会	综合	农业
1880	澳大利亚墨尔本	万国工农业、制造业与艺术博览会	综合	万国工农业
1883	荷兰阿姆斯特丹	阿姆斯特丹国际博览会	专业	园艺
1889	法国巴黎	第4届巴黎世界博览会	综合	法国大革命百年，埃菲尔铁塔落成
1893	美国芝加哥	芝加哥哥伦布纪念博览会	综合	哥伦布发现新大陆400年
1897	比利时布鲁塞尔	布鲁塞尔国际博览会	综合	现代生活
1900	法国巴黎	第5届巴黎世界博览会	综合	世纪回顾
1904	美国圣路易斯	圣路易斯百周年纪念博览会	综合	购入路易斯安娜一百周年
1908	英国伦敦	伦敦世界博览会	综合	同年举行奥运
1915	美国旧金山	旧金山巴拿马太平洋博览会	综合	庆祝巴拿马运河通航
1926	美国费城	费城建国150周年世界博览会	综合	纪念美国150年

2. 1928年《国际展览公约》通过后（截至2013年）

年份	举办地	名称	类型	主题
1933	美国芝加哥	芝加哥世界博览会	综合	一个世纪的进步
1935	比利时布鲁塞尔	布鲁塞尔世界博览会	综合	通过竞争获取和平
1937	法国巴黎	巴黎艺术世界博览会	专业	现代世界艺术和技术
1939	美国纽约	纽约世界博览会	综合	建设明天的世界
1958	比利时布鲁塞尔	布鲁塞尔世界博览会	综合	科学主导的文明与人道主义
1962	美国西雅图	西雅图世界博览会	专业	太空时代的人类
1964	美国纽约	纽约世界博览会	综合	通过理解走向和平
1967	加拿大蒙特利尔	蒙特利尔世界博览会	综合	人类与世界
1970	日本大阪	日本世界博览会	综合	人类的进步与和谐
1974	美国斯波坎	美国斯波坎世界博览会	专业	无污染的进步
1975	日本冲绳	冲绳世界海洋博览会	专业	海洋——充满希望的未来
1982	美国诺克斯维尔	诺克斯维尔世界能源博览会	专业	能源：世界的原动力
1984	美国新奥尔良	新奥尔良世界博览会	专业	河流的世界——水乃生命之源

续表

年份	举办地	名称	类型	主题
1985	日本筑波	筑波世界博览会	专业	人类、居住、环境与科学技术
1986	加拿大温哥华	温哥华世界运输博览会	专业	交通与通信
1988	澳大利亚布里斯班	布里斯班世界博览会	专业	科技时代的休闲生活
1992	意大利热那亚	热那亚世界博览会	专业	克里斯托夫·哥伦布：船舶与海洋
1992	西班牙塞维利亚	塞维利亚世界博览会	综合	发现的时代
1993	韩国大田	大田世界博览会	专业	新的起飞之路
1998	葡萄牙里斯本	里斯本世界博览会	专业	海洋——未来的财富
1999	中国昆明	1999年昆明世界园艺博览会	专业	人与自然——迈向21世纪
2000	德国汉诺威	汉诺威世界博览会	综合	人类·自然·技术
2005	日本爱知	爱知世界博览会	综合	自然的睿智
2006	中国沈阳	2006年沈阳世界园艺博览会	专业	我们与自然和谐共生
2008	西班牙萨拉戈萨	萨拉戈萨世界博览会	专业	水和可持续发展
2010	中国上海	上海世界博览会	综合	城市，让生活更美好
2011	中国西安	2011年西安世界园艺博览会	专业	天人长安、创意自然——城市与自然和谐共生
2012	韩国丽水	丽水世界博览会	专业	生机勃勃的海洋及海岸：资源多样性与可持续发展
2013	中国锦州	2013年锦州世界园艺博览会	专业	城市与海 和谐未来

第二节 世界博览会在中国（上海世博会）

一、上海世博会基本信息

（一）申办相关步骤

上海市于1999年提出承办2010年世博会的计划。中国贸易促进委员会在征求有关部门意见后，政府相关部门采纳了申办世博会的建议。2000年3月，经国务院批准，2010年上海世博会申办委员会成立。2001年5月，中国政府向国际展览局递交了申请函。2002年12月，国际展览局各成员国代表投票表决 2010 年世博会主办国，中国最终以绝对优势获得了 2010 年世博会的主办权。2005 年 12 月，国际展览局审议通过了《中国 2010 年上海世博会注册报告》，这标志着中国 2010 年上海世博会完成了法定的申办程序。

(二) 主题的确立

上海世博会的主题是"城市，让生活更美好"，这也是世博会历史上第一次以城市为主题。这届世博会以"城市"为主题是由于到 2006 年，全世界已有一半以上的居民生活在城市，城市也日益成为各国和国际社会关注的话题。所以这个主题因顺应了各国城市化的浪潮而受到国际社会的共同关注。上海世博会以此为主题展开了三个方面的探讨：一是什么样的城市能让人们生活得更美好、更和谐；二是什么样的生活方式是更美好、和谐的；三是什么样的发展模式会让地球这个人类共同的家园更美好、更和谐。

在世博会期间，各个国家馆展示了不同的城市风貌，各参展国也积极参与论坛活动，交流城市发展经验、传播先进城市理念，为人类的可持续发展提供了有价值的理念和方法。

(三) 举办时间与场地

上海世博会于 2010 年 5 月 1 日开幕，10 月 31 日闭幕，会期 184 天，符合国际展览局对综合类世博会展期的规定。在此期间有多个纪念日、节日和公共假期，不仅可以增强世博会的节日气氛，还可以满足居民的观光需要。

上海世博会的场地位于黄浦江南浦大桥和卢浦大桥之间的一片滨水区域，园区规划用地 5.28 平方千米。世博会场地具有十分明显的亲水性，世博会园区所在地主要在黄浦江两岸，上海是中国民族工业的主要发祥地之一，黄浦江两岸保留了上海城市发展的历史痕迹，选址这里能突出上海丰富的历史价值和景观价值，充分展示了本届世博会的主题——"城市，让生活更美好"[1]。同时，世博园区主要场地地处

---

[1] 上海市迎世博 600 天行动社会动员指挥部，上海市精神文明建设委员会办公室，等. 上海迎世博市民读本 [M]. 上海：上海教育出版社，2008.

中心城区，交通道路和设施成熟。各类服务设施齐全，包括商业、旅馆、餐饮、文化、休闲娱乐等业态，都能为上海世博会的参展者和参观者们提供全方位的配套服务。

（四）预计参观人数、参展国家和国际组织

上海世博会组委会在申办和筹备世博会时预测，2010年上海世博会将吸引7000万（其中海外参观者人数超过300万）参观者。

上海世博会国际招展的目标是200个国家和国际组织参加。截至2009年2月，已确认参展的国家和国际组织超过了原计划数，达到231个，创下当时世博会之最。

（五）宣传计划

为积极推广中国2010年上海世博会，提高人们对世博会的认知度，鼓励海内外游客积极参与世博会，并延续世博效应，相关部门制定了《中国2010年上海世博会沟通推介计划》。组织者们依据此计划整合运用多途径、多层次和多样化的传播渠道，包括活动、公关、媒体、宣传品，使沟通推介效应达到最大化。针对不同的目标受众，组织者们也采用了不同的推介方式。例如，在上海世博会倒计时1000天之际，"走进世博会——中国2010年上海世博会宣传周暨世博会历史回顾展览"于2007年8月在上海正式启动；在上海商业街淮海路上设立上海世博会展示中心；建立上海世博会官方网站——世博网；推出上海世博会官方杂志——《上海世博》杂志；等等。

二、园区规划

（一）规划结构布局

上海世博会的组织者在综合考虑游客步行距离、人体舒适度和游客认知等因素后，对场地的规划提出了"一主多辅"的总体概念。"一主"是围绕着黄浦江两岸的滨江绿洲形成的核心功能区，跨越浦东和浦西两个片区，"多辅"是在核心功能区之外的三个辅助片区。

还提出了"园、区、片、组、团"五个层次的展馆布局。"园"是指5.28平方千米的整个世博园区建设用地范围；"区"指3.28平方千米的世博会围栏区❶;"片"则是把世博园区划分成五个功能片区,主要以不同洲际、主题进行划分;"组"是指在每一个功能片区里的若干展馆,整个园区共有12个展馆组。"团"是最小的布局单位,在每一个展馆团的附近,都设有属于这个区域的小型餐饮、厕所、购物等公共设施。通过这样的划分,参观者在进入园区后根据清晰的指示,就可以方便地找到自己想去的场馆。

(二)主要建筑设计

1. 中国馆

位于世博规划核心区,其建筑外观以"东方之冠"为构思主题,代表中华文化的精神和气质。将"城市发展中的中华智慧"作为中国馆的主旨,既能丰富本届世博会的主题,也能展示城市发展中的中华智慧与中国未来发展趋势之间的联系。中国通过世博会这个平台,向全世界更加全面、立体地展示了中国各地、各民族的文化,也进一步推动各地的对外开放和国际经贸合作、文化交流。

2. 外国国家馆和国际组织馆

2010年上海世博会有200多个来自不同文化背景的国家和国际性组织参展,它们将以"城市"为主题进行展示。如卢森堡馆以"小也是美"为主题,将场馆设计成一个有绿树环绕的开放堡垒,向参观者提供现代化舒适的生活体验。还有西班牙馆设计成一个用柳条编织的"篮子",体现出浓郁的地中海气息,向参观者展示了热情奔放的西班牙人"享受城市,享受生活"的传统。许多国家场馆都以独具特色的设计规划,让参观者看到了世界各地不同地区对"城市"的创意解读和智慧结晶。

3. 主题馆

上海世博会的主题馆主要是为了向参观者传达"城市、生活"的主题。此次世博会设立了五个主题馆:①城市人馆围绕着人在城市中的生活而展开,从"融入""生存""交往""自我实现"这四个部分

---

❶ 上海市迎世博600天行动社会动员指挥部,上海市精神文明建设委员会办公室,等. 上海迎世博市民读本[M]. 上海:上海教育出版社,2008.

来探讨城市如何来满足人的需求，并进一步塑造人的生活。②城市生活馆的理念是，城市是一个包括了人类经济、社会、文化等多样化活动的集合体，它建筑在自然基础之上。城市发展到现在已经不仅仅是一个人为的构造物，它也具备了自身的发展和运行规律。该馆从城市本身的发展运行探讨城市的生命潜力。③城市星球馆注重于城市生活对地球的影响，探讨城市与地球万物的"共生"关系。④公共参与馆是国际展览局在各届世博会的保留项目，提供一个平台给参观者相互交流、讨论。⑤生命阳光馆则是专门为残疾人事业设立的。

4. 世博中心和世博演艺中心

世博中心是世博会的新闻中心、新闻论坛中心、庆典会议中心等。它不仅提供了一个会议举办的平台，也有各种规模的新闻发布厅，为了让全球民众都实时感受到上海世博会的热烈氛围，世博中心的各类新闻发布厅会向世界各地即时发布世博新闻。园内最大的世博演艺中心，便于世博会期间大规模的演艺活动的举办。

（三）科技项目应用

"科技世博、生态世博"是上海世博会筹备工作遵循的重要理念，"科技"也一直是世博会发展至今不能缺少的主题。在上海世博会中，新技术、新材料、新能源被大量地使用。例如：主要场馆和部分设施采用太阳能技术以减轻供电压力；园区内的公共交通多为新型环保交通工具；半导体照明等技能设备的使用；资源循环技术和节能生态建筑；等等。

三、活动

在上海世博会举办期间，世博园区内外举办了2万余场各类演出活动，平均每天超过100场。

其中既有组织者主办的活动，包括开幕式、闭幕式、中国馆日等重要活动。于2010年5月1日举办的开幕式以新颖别致的手段展示了中国的风貌和世界的融合、上海这座城市的发展变化。除了上述这样的重要活动外，世博会组织者还举行了丰富的文娱活动来展示中国56个民族的特色文化、300多个世界传统剧种、500多种国家级的非物质文化遗产等，来向参观者展示博大精深的中华文化。

还有由参展者组织的活动，如国家馆日、特别日活动和参展者在园区内组织的各类日常活动。其中国家馆日活动是指参展国家选择该国重大纪念日作为本国馆庆日，在此日集中向参观者展示本国民族文化。

除以上两大部分外，上海世博会还在筹备期间举办了关于倒计时、会徽、吉祥物等的活动来广泛宣传推介世博会。

四、论坛

世博会中论坛这一板块不同于展示、活动两部分，此板块与世博会主题理念、思想成果联系最为紧密。上海世博会论坛广泛讨论了关于城市可持续发展问题，从全球的视角审视了"城市，让生活更美好"这一主题，同时也探讨了相关问题，如"城市多元文化的融合""城市科技的创新""城市与乡村的互动""城市经济的繁荣""城市社区的重塑"[1]等当代城市发展中的主要问题。

上海世博会举办了1个高峰论坛、6个主题论坛、多场公众论坛。其中高峰论坛是上海世博会最高级别的论坛，它对全球存在的城市发展问题进行宏观的探讨，是整个世博会论坛的亮点和高潮。并且在此论坛上还发布了《上海宣言》作为城市发展问题总的认识的重要文献。主题论坛每月举办一次，每次围绕一个核心议题展开，深入探讨一系列关于"城市"的不同方面的议题，为中国城市的发展提供策略建议。公共论坛则是不同于以上两种专业性较强的面向大众的论坛形式。这类论坛的主题较浅显，贴近人们的日常生活，满足世博会普及与教育的目标。

这三类论坛中，主题论坛对高峰论坛起支撑作用，又对公共论坛起指导作用，三者相辅相成，通过对不同议题的探讨，提出对未来城市生活有价值的精神建议。

---

[1] 转引自《世博知识智力竞赛参考题库》。

五、意义

经过 100 多年的发展,世博会已经成为全球经济、文化、科技交流的盛会,它所涉及的会展空间、展会内容等都非常丰富。世博会的举办和参与没有国体和地区上的歧视。参与国家没有民族、宗教等文化方面的限制,也没有经济、科技水平等方面的要求,主办国和参展国都可以利用世博会的平台自我宣传、广泛交流,分享各自国家的特色文化、科技成果、先进理念。

上海市以 2010 年世博会为契机,在世博园区的建设中也对上海市做出了整体的建设规划,这使上海的市政建设上了一个台阶。此外,世博会的举办吸引了更多的国内外游客聚集上海,推动了上海乃至中国的旅游业的发展。当然,各国的参展商齐聚上海,也为本地的第三产业带来了无数商机。上海借助世博会进行了自我宣传和推广,甚至彰显了我国的综合实力。

此届上海世博会在当时创造了 12 项之最。如:上海世博会的参展规模最大,共有 190 个国家、56 个国际组织参展;参观人数最多,截至 10 月 31 日 21:00,人数超过了 7308.44 万;志愿者人数最多;等等。

第三节 世界博览会效应

世博会发展至今,已不仅仅是工业革命的产物,而是新产品、新创造、新思想、新文化、新理念的盛会,在"人类和平与发展"的核心思想下,参展国家都通过世博会的举办展现了各自的国家形象。作为一种国家行为,世博会的举办已经不仅是一个国际性的重大历史性事件,它还对世界经济、文化、科技、社会等方面产生着深远的影响。

一、对经济的推动作用

经过百余年的发展,世博会已经成为许多国家推动经济和社会发展的重要动力之一,尤其对于主办国、举办地来说是一次社会经济快速提升的机会。不仅推动了当地产业结构升级和科技创新,还能在短时间内完成城市面貌和基础设施的全面提升,同时,以强大的辐射能力带动周边地区的经济发展。主办城市的城市形象得以提升,当地的旅游经济也得以促进发展。在世博会举办历史上不乏因世博会的承办使之前的中小城市迅速成为世界知名城市的例子,像是诺尔斯维尔、布里斯班、新奥尔良等,世博会的举办不仅吸引了国内外游客,还吸引了众多投资者,这对推动承办城市的国际化水平起到了非常重要的积极作用。

单以1970年的大阪世博会为例,在整个20世纪六七十年代,日本GDP年平均增长率几乎达到了10%以上,其中尤以1967—1970年增长最快,年平均增长率都在17%以上,到1970年达到最高值21.2%,人均GDP的情况也基本一致。[1] 由此可见,大阪世博会的确对日本经济产生了一定的刺激作用。

世博会在对城市经济的作用上,对繁荣城市旅游产生了巨大的推动作用。世博会自诞生以来就与现代城市旅游有着紧密的关系。世博会不仅有完成经济、文化成就的展示、先进产品的展销、先进理念的传播等会展功能,还直接地带动了承办国、承办地的城市旅游热度,繁荣了当地的城市旅游业。

世博会是在城市的基础上展开的大型展览和庆典,往往代表了一个城市的综合竞争力,引领着城市的未来。世博会对举办城市旅游经济的促进作用,体现在各类丰富多样的城市旅游活动上。首届万国工业博览会就曾创下630万名参观者的纪录。历届世博会都会策划各种城市文化旅游活动、主题公园等娱乐项目,参观世博会与城市旅游形成了紧密的联系。现在的世博会在展览功能之外,都在积极开发娱乐观光功能,也就是说,世博会可以成为国内外游客了解城市、体验城市风情、拜访名胜古迹的前站。

---

[1] 朱小龙. 日本企业文化变化及对我国企业文化建设的启示 [D]. 合肥:合肥工业大学,2006.

二、科学技术的不断更新

从世博会诞生以来,许多当时世界上最先进、最热门的科学技术都会通过世博会得到传播和广泛应用,从而改善、提升人们的生存环境和生活品质,继而对人类社会产生一定的影响。

工业革命之后,新的机器设备尤其能通过世博会得到迅速的推广运用。很多划时代的产品和技术都是从世博会的舞台走向人们的日常生活的。1851年伦敦世博会展出的蒸汽机是工业革命的代表,配合同年在世博会上展出的农业机械,极大程度地提高了当时英国的生产力水平。在1876年美国费城世博会上首次展出的电话、留声机、电报改变了人们的交流方式,提升了沟通效率。1889年的巴黎世博会,电灯和汽车受到了极大关注,因为它们预示着人类的生活方式即将发生翻天覆地的变化。自从电影这种新的技术和艺术形式通过1900年巴黎世博会介绍给世界观众,往后的百余年,电影不光成为一个繁荣的产业,还对世界文化产生了影响。1904年圣路易斯世博会展出的飞机,标志着人类在航海时代之后即将进入航空时代。1939年,美国国家广播公司利用当时新发明的电视摄影机实况转播了纽约世博会的开幕式。从此,全球观众可以借助这种新的技术手段在同一时间感受世界各地的精彩瞬间。回顾世博会的历史,许多对人类社会产生了重大影响的发明都通过世博会得以广泛传播和应用。

三、艺术、社会变革、文明的发展(建筑、音乐、美术全球性问题的探讨)

(一)扩大文化的交流

世博会历史上举办的各种丰富多样的活动,促进了世界各国的文化交流,诞生了很多经典作品,创造了多次文化盛会。被世界各国人们熟知的《蓝色多瑙河》就是1873年维也纳世博会的名曲,几乎成了奥地利的第二国歌。法国人在1878年巴黎世博会上举办的装饰艺术展、法国千年文化展、俄罗斯人类学展都非常受到各国参观者的欢迎。

1970年大阪世博会的国家馆主题是"日本与日本人——过去、现在和未来"。日本国家馆的建筑灵感来自日本国花樱花的花瓣造型,极具国家和地区特色。日本国家馆的室内展示了日本文化和生活方式。2000年的德国汉诺威世博会举办了丰富多彩的文化活动,包括艺术品展览、烹饪表演、音乐会、戏剧表演、儿童节目等,把世博会打造成了一个全球文化盛会。

(二)加速社会变革

一些现代人习以为常的生活观念也是通过世博会普及给大众的。比如旅游首次以产业的名义出现在世界人民的视野中,就是1855年巴黎世博会上开通的"旅游专线"[1]。此外,不同年代的世博会都积极回应着当时人类面临的生存和发展困境,并从不同角度给出了解决措施,试图给人类的未来指明方向。回顾历届世博会的主题:世界人口文化、人类的进步与和谐、自然的睿智等,可以从中发现人类社会快速变化的进程,感受到人类不断用自身智慧能动地改造生存和发展环境、创造更美好生活的历程。这一切都加速了人类社会的变革。

世博会还经常留下让世界人民惊艳,同时带有强烈时代特色的建筑。伦敦万国工业博览会的标志建筑水晶宫就体现了当时英国在玻璃幕墙、铸铁结构、预制件等工业生产和工艺技术方面的高超水平,展现出了最初的现代建筑审美。为巴黎世博会铸造的埃菲尔铁塔至今仍是巴黎甚至法国的标志,这座反映出当时法国钢铁生产能力和高层建筑建设能力的铁塔对后来的现代高层建筑发展产生着深远的影响。近年来,不管是主办国还是参展国都在不遗余力地设计和建造外观更惊艳、功能更智慧、能耗更低碳、参观体验更舒适的国家馆、特色馆,上海世博会的中国馆、沙特馆都是让人印象深刻的例子。

---

[1] 赵岚鞾. 世博会与城市旅游研究 [D]. 成都:四川师范大学,2008.

参考文献

书籍

[1] 西蒙．管理行为［M］．北京：北京经济学院出版社，1988．

[2] 白光．品牌文化：中外品牌案例［M］．北京：中国时代经济出版社，2002．

[3] 俞华，朱立文．会展学原理［M］．北京：机械工业出版社，2005．

[4] 舒尔茨等．整合营销传播［M］．孙斌艺，张丽君，译．上海：上海人民出版社，2006．

[5] 刘松萍．会展营销与策划［M］．北京：首都经济贸易出版社，2006．

[6] 余明阳，杨芳平．品牌定位［M］．武汉：武汉大学出版社，2008．

[7] 侯章良，刘立新．战略管理最重要的5个工具［M］．广州：广东经济出版社，2008．

[8] 上海市迎世博600天行动社会动员指挥部，上海市精神文明建设委员会办公室，等．上海迎世博市民读本［M］．上海：上海教育出版社，2008．

[9] 陈燮君，刘健．世博与艺术［M］．上海：东方出版中心，2009．

[10] 陈少峰，张立波．文化产业商业模式［M］．北京：北京大学出版社，2011．

[11] 赵琛．品牌学［M］．北京：高等教育出版社，2011．

[12] 庞守林．品牌管理［M］．北京：清华大学出版社，2011．

[13] 李明合，等．品牌传播创新与经典案例评析［M］．北京：北京大学出版社，2011．

[14] 刘嘉龙．会展策划与管理［M］．北京：中国旅游出版社，2011：81－82．

[15] 彭加平，曾伟，周裕全．新编现代企业管理［M］．北京：北京理工大学出版社，2013．

[16] 黄彬．展览策划与组织［M］．杭州：浙江大学出版社，2013．

[17] 舒辉．物流与供应链管理［M］．上海：复旦大学出版社，2014．

[18] 杜丽岩．现代品牌管理理论与营销策略研究［M］．北京：中国水利水电出

版社，2015.

[19] 沈红宇，陈建峰，陈伟. 企业管理概论［M］. 哈尔滨：哈尔滨工程大学出版社，2015.

[20] 王卫民. "互联网+"时代的企业品牌营销创新与发展研究［M］. 成都：电子科技大学出版社，2018.

[21] 屈云波. 以顾客为中心的销售［M］. 北京：企业管理出版社，1999.

报纸

[22] 李倩倩. 促销网络成就法国展览业［N］. 中国贸易报，2005－01－04.

[23] 陈学慧. 中国城市对外开放指数发布［N］. 经济日报，2013－04－07（第02版：综合新闻）.

[24] 斐依. 发达国家会展业为何长盛不衰［N］. 中国文化报，2013－10－19（004）.

期刊

[25] 舒咏平. 小众传播时代的传播策略［J］. 品牌，2002（05）：10－12.

[26] 张华友，张宏宇. 略论旅游企业品牌的开发［J］. 河南商业高等专科学校学报，2004（01）：76－78.

[27] 洪有护. 创建战略管理会计环境体系初探［J］. 北京工商大学学报（社会科学版），2004，19（3）：48－51.

[28] 观众，展会质量的标杆［J］. 中国广告，2005（2）：91－93.

[29] 郭峦. 论南宁市会展旅游的发展［J］. 经济与社会发展，2005，3（7）：63－65.

[30] 詹芬萍. 我国展览会品牌经营战略探讨［J］. 江西财经大学学报，2005（04）：60－63.

[31] 李众. 数风流展馆，还看琶洲——记中国出口商品交易会琶洲展馆［J］. 中国会展，2006，000（001）：90－95.

[32] 郭晓熹. 品牌塑造会展行业［J］. 中国科技财富，2005（09）：68－72.

[33] 范林芳，汪燕霞. 企业品牌传播途径分析［J］. 商场现代化，2006（6）：126－127.

[34] 陈红艳. 略论会展传播中的媒体公关策略［J］. 中国科技信息，2006（24）：148－149.

[35] 陈心德，吴忠，汤世强. 品牌会展的塑造和经营［J］. 商业研究，2007（05）：179－182.

[36] 徐伊伦. 解剖品牌认知的真相 [J]. 销售与市场·管理版, 2007 (75): 66-67.

[37] 肖吉德. 汉诺威工业博览会品牌魅力 [J]. 电气时代, 2007 (08): 19-21.

[38] 许晓明. 浅谈广告对品牌塑造的影响 [J]. 科技咨询导报, 2007 (8): 169.

[39] 刘丽君. 中国会展品牌问题研究 [J]. 商业经济, 2007 (10): 70-73.

[40] 周爱国. 会展形象识别及其应用 [J]. 中国会展, 2007 (23): 42-45.

[41] 娄述. 独具一格的法国展览业 [J]. 中国林业产业, 2008 (01): 44-45.

[42] 赵爱玲. 会展业行业标准"胎动" [J]. 中国对外贸易, 2008 (02): 56-59.

[43] 田书芹, 王东强. 体验式会展品牌营销策略探讨 [J]. 重庆文理学院学报 (社会科学版), 2008 (02): 21-23.

[44] 李蓓蕾. 基于钻石模型的德国会展产业成功因素分析 [J]. 湖南农业大学学报 (社会科学版), 2008, 9 (06): 66-70.

[45] 叶红. 2008年度全球最时尚城市榜单排名解析 [J]. 流行色, 2009 (1): 90-99.

[46] 王方华, 过聚荣, 张月莉. 发展会展事业 提高城市竞争力 [J]. 商业研究, 2009 (09): 122-125.

[47] 刘强. 论品牌类型及其建构动因 [J]. 现代营销 (学苑版), 2010 (12): 10-12.

[48] 刘丽君. 中国会展品牌战略研究 [J]. 经济研究导刊, 2012 (34): 203-209.

[49] 罗雪梅. "走出去"的我国品牌需要战略 [J]. 天津市经理学院学报, 2010 (04): 30-31.

[50] 关于加快会展业发展的若干意见 [J]. 广州市人民政府公报, 2010 (4): 41-46.

[51] 彭文华, 陈凌希. 论广告创意表现的元素和方法 [J]. 重庆电力高等专科学校学报, 2010, 15 (3): 39-41.

[52] 杨磊. 运用战略宏观分析 应对金融危机 [J]. 中小企业管理与科技, 2011 (3).

[53] 穆绿洲. 会展标准化发展的作用与趋势 [J]. 中国标准导报, 2011 (12): 29-30.

[54] 李雪欣, 李海鹏. 中国品牌定位理论研究综述 [J]. 辽宁大学学报 (哲学社会科学版), 2012, 40 (03): 100-106.

[55] 张铭. 解析品牌定位战略与定位策略 [J]. 品牌研究, 2013 (5): 68-69.

[56] 俞瑜. 现代营销手段在会展营销中的应用 [J]. 知识经济, 2013 (09): 108-

109.

[57] 姜磊，杨萃，程巧莉．寻找理想的展会平台：2014 年国际自行车展览业发展现状与分析［J］．中国自行车，2014（7）：46－61．

[58] 应轲，马晓芸．品牌战略决策研究［J］．现代商贸工业，2014（9）：73－74．

[59] 刘晔，徐创义．大数据在广电新媒体中的应用［J］．有线电视技术，2018（12）：22－24．

[60] 任玲艳．新媒体时代大学新生心理问题调查分析——以山西医科大学汾阳学院为例［J］．山西高等学校社会科学学报，2018，30（12）：72－75．

[61] 胡辉．新媒体营销在典型行业中的应用分析［J］．农村经济与科技，2019，30（02）：169－171．

[62] 益达．创新发展成为中国会展业主旋律　解读《中国展览经济发展报告2018》［J］．中国对外贸易，2019（03）：36－39．

[63] 何瀚林．新媒体广告在会展营销中的运用研究——以广州家博会为例［J］．中国商论，2019（05）：61－62．

[64] 陈泽炎．会展拉动效应究竟有多大？［J］．中国会展，2019（09）：72－74．

[65] 谈佳隆．广州、北京、上海之后　谁是中国会展产业"第四城"［J］．中国经济周刊，2006（15）：34－35．

学术论文

[66] 陈鼎藩．基于价值的品牌关系研究［D］．成都：西南石油学院，2004．

[67] 李顺喜．品牌重新定位研究［D］．武汉：武汉理工大学，2005．

[68] 欧阳红涛．品牌定位及其现实运用的研究［D］．成都：西南交通大学，2005．

[69] 陈行．基于消费需求的体验营销之探析［D］．合肥：安徽大学，2006．

[70] 朱小龙．日本企业文化变化及对我国企业文化建设的启示［D］．合肥：合肥工业大学，2006．

[71] 熊茂华．中国移动通信公司品牌营销策略分析［D］．成都：西南交通大学，2006．

[72] 覃冠玉．会展品牌传播探析［D］．南宁：广西大学，2007．

[73] 陈冰莹．会展传播与策划［D］．南宁：广西大学，2007．

[74] 朱红岩．会展广告品牌传播策略研究［D］．济南：山东大学，2007．

[75] 赵岚釐．世博会与城市旅游研究［D］．成都：四川师范大学，2008．

[76] 王欣．基于体验经济视角下的重庆会展品牌定位研究［D］．重庆：重庆大学，2008．

[77] 蒋璟萍．基于本体论视角的品牌竞争力研究［D］．长沙：中南大学，2008．

[78] 张燕．浙江省会展企业建设会展品牌的策略探索［D］．杭州：浙江工业大学，2009．

[79] 张柏平．我国外向型中小企业国际品牌建设与创新研究［D］．上海：上海大学，2009．

[80] 李英超．基于消费者决策的品牌价值影响因素研究［D］．昆明：昆明理工大学，2011．

[81] 刘梦萝．重大节事对中小城市发展的影响［D］．济南：山东建筑大学，2012．

[82] 戴立恒．长三角经济圈经济发展下嘉兴民营企业对外贸易发展问题研究［D］．北京：对外经济贸易大学，2013．

[83] 魏承帅．基于因子分析的城市宜居水平实证研究——以广东省为例［D］．天津：天津大学，2013．

[84] 李丁．上海会展专业人才开发研究［D］．石河子：石河子大学，2014．

[85] 张羽．迪士尼公司的品牌管理研究［D］．哈尔滨：黑龙江大学，2015．

[86] 刘玉良．会展业对城市经济拉动效应的研究［D］．武汉：武汉理工大学，2016．

[87] 徐丹丹．北京R会展公司出展市场的开发与运营［D］．桂林：广西师范大学，2016．

[88] 张敏．国企改革背景下长春润德房地产开发有限公司企业品牌定位研究［D］．长春：吉林财经大学，2017．

网页

[89] 世博研究会．太阳塔与月亮石——1970年日本大阪世博会追记［EB/OL］．http：//blog.sina.com.cn/s/blog_ 4ada5214010005lm.html.2006-09-20．

[90] 赛来西·阿不都拉．会展活动中的公共关系维系［EB/OL］．https：//wenku.baidu.com/view/f93999270722192e4536f62a.html.2010-11-01．

[91] 新华社．国务院办公厅印发《关于发挥品牌引领作用推动供需结构升级的意见》［EB/OL］．http：//www.gov.cn/xinwen/2016-06/20/content_ 5083901.

htm. 2016 – 06 – 20.

[92] 环球行会展. 全球三大电玩展中影响最大的 2020 美国 E3 游戏大展即将开启 [EB/OL]. https：//www. sohu. com/a/295063898_ 100163259. 2019 – 07 – 08.

[93] 百度百科. 杭州西湖国际博览会 [EB/OL]. http：//baike. baidu. com/view/ 2983396. htm.

[94] 百度百科. 日本 1975 年冲绳世界博览会 [EB/OL]. https：//baike. baidu. com/item/日本 1975 年冲绳世界博览会.

[95] 百度百科. 日本 2005 年爱知世界博览会 [EB/OL]. https：//baike. baidu. com/item/日本 2005 年爱知世界博览会.

[96] 世博知识智力竞赛参考题库 [EB/OL]. https：//www. ppkao. com/tiku/1036/.

[97] 国际博览会联盟章程 [EB/OL]. http：//www. lcfairs. com/nshow. asp？id = 165.

[98] 浙江省政府关于建设西湖博览会的批复 [EB/OL]. http：//www. docin. com/ p – 558548017. html.

[99] 北京市"十一五"时期旅游业及会展业发展规划 [EB/OL]. https：// wenku. baidu. com/view/13e176fd2bf90242a8956bec0975f46526d3a791. html.

[100] 第八届北京印刷展展后报告 [EB/OL]. https：//wenku. baidu. com/view/ 71f0ce63b72acfc789eb172ded630b1c59ee9bca. html.

[101] 武汉市人民政府关于加快武汉会展业发展的若干意见 [EB/OL]. http：// www. wehdz. gov. cn/zwgk_53/zcfg/gfxwj/202001/t20200119_897972. shtml.

[102] 上海市国民经济和社会发展"十一五"规划纲要 [EB/OL]. http：// www. gov. cn/test/2006 – 02/07/content_180529. htm.

[103] 上海会展业发展"十二五"规划 [EB/OL]. https：//wenku. baidu. com/ view/78b023a0370cba1aa8114431b90d6c85ed3a8866. html.

科技报告

[104] 驻大阪总领馆经商室. 日本展览业发展现状及特点 [R]. 2015.

会议录

[105] 周爱国. 关于会展品牌定位的战略思考 [A] //2007 中国会展经济研究会学术年会论文集 [C]. 中国会展经济研究会，2007：100 – 107.